“大智移云物”背景下图书馆个性化信息推荐研究

肖梅 著

中国纺织出版社有限公司

内 容 提 要

本书针对目前数字图书馆个性化服务存在着如数据分析能力欠缺、个性化服务单一等问题，将大数据、人工智能、移动互联网、云计算和物联网技术应用到图书馆个性化推荐系统，并结合计算机信息管理技术，进行“大智移云物”背景下图书馆信息个性化推荐研究。本书在全面分析图书馆个性推荐理论的基础上，还对基于关联规则的个性化推荐、基于聚类的个性化服务应用、基于内容的个性化推荐、基于协同过滤的个性化服务和基于知识图谱的个性化推荐进行了详细的研究。本书的理论和实践探索，对相关研究学者有一定借鉴意义。

图书在版编目（CIP）数据

“大智移云物”背景下图书馆个性化信息推荐研究 / 肖梅著. -- 北京：中国纺织出版社有限公司，2023.2

ISBN 978-7-5229-0379-8

Ⅰ. ①大… Ⅱ. ①肖… Ⅲ. ①数字图书馆－图书馆服务－研究 Ⅳ. ① G250.76

中国国家版本馆 CIP 数据核字（2023）第 039692 号

责任编辑：闫　星　　责任校对：高　涵　　责任印制：储志伟

中国纺织出版社有限公司出版发行

地址：北京市朝阳区百子湾东里 A407 号楼　邮政编码：100124

销售电话：010—67004422　传真：010—87155801

http://www.c-textilep.com

中国纺织出版社天猫旗舰店

官方微博 http://weibo.com/2119887771

天津千鹤文化传播有限公司印刷　各地新华书店经销

2023 年 2 月第 1 版第 1 次印刷

开本：710×1000　1/16　印张：12.75

字数：140 千字　定价：89.90 元

前　言

随着新一代信息技术的发展，以“大智移云物”为代表的新一代信息技术在给人们的生活带来便利的同时，也产生了海量的数据，并由此导致了大数据时代特有的信息过载现象。针对信息过载问题，个性化推荐技术通过对用户的历史行为数据进行分析，从中发现用户的潜在兴趣点并向用户进行个性化推荐。近年来，个性化推荐技术已经在电子商务、社交媒体和影音娱乐等各个领域得到了广泛的应用，并取得很好的效果。

如何加快图书馆的数字化转型并向读者提供个性化的服务，提高馆藏资源的利用率是当前高校图书馆建设中亟待解决的问题。个性化推荐技术在图书馆的数字化建设和应用中发挥着重要的作用，能够为读者提供令其满意的个性化智慧服务，因而其建设和应用的研究也得到了人们广泛的重视。

本书重点围绕图书馆的个性化推荐服务及其实现进行研究，主要就如何利用关联规则、聚类算法、基于内容的推荐、基于协同过滤及基于知识图谱等方法实现图书馆的个性化图书或者文献资源的推荐，依托 MongoDB、Spark 等环境初步搭建了图书馆个性化图书推荐系统并且取得了一定的成效，提升了图书馆个性化服务水平和服务质量。

肖梅

2022 年 12 月

目 录

第1章　绪论

1.1　研究背景及研究意义

1.1.1　研究背景

互联网的出现和发展极大程度地提升了信息的传播速度，拓展了信息的流通和交互渠道，大大加强了世界的联系。互联网显著改变了人们的生活方式，为人们获取、分享各种各样的资讯提供了便利的环境，成为人们获得知识、学习技能、了解信息的首选工具和平台。

21 世纪是互联网的时代，人类的许多活动都与互联网紧密相关，各种各样的数据出现在互联网上，它在不停地创造、产生、使用数据，数据其实就是包含信息的集合体，海量数据的出现意味着人们在互联网上找出符合自己需求信息的困难程度急速增加，互联网信息过载的现象也由此产生。

一个普通人每天能够处理和记忆的信息量是有限的，而我们每天接收和获取的信息量却大大超过这个限度，这些信息中夹杂着许多无用的信息，需要我们细致地分析和辨别，这不仅增加了工作量，还阻碍了我们快速寻找有效信息。如今，互联网充斥到人们的生活中，人们会在互联网上发现和获取海量的信息，这些信息是真是假无法验证，很容易引导人走向错误的方向。而且，如今的互联网传播信息的渠道正朝着多样化发展，信息重复与信息过载的问题日益严峻。

在互联网信息过载的时代，如何过滤无价值的信息，将用户感兴趣的内容精准地推送给用户，是当代互联网从业人员应当投入精力重点研究的问题。在过去，用户获取信息的方式只有一个，那就是使用搜索引擎，但使用这种方法也会出现很多问题，如使用搜索引擎需要输入信息的关键词，但根据关键词显示的搜索结果却不一定是用户想要的，用户需要花费大量的时间从中寻找符合自己需求的结果。而且很多用户一开始可能并不清楚自己需要什么样的信息，自然无法找准关键词。在这种情况下，推荐系统就可以为用户提供帮助，它能为用户推荐感兴趣以及可能需要的商品，实现用户和商品的面对面，也可以实现用户的个性化需求。

推荐系统的问世全方位地改善了我们的生活。在电商方面，尤其是在天猫、京东、eBay 及亚马逊等电商平台上，推荐系统发挥了巨大作用，帮助人们更快地选择想要的商品。以天猫为例，有数据表明，2021 年，天猫仅仅在“双 11”这一个购物节完成的交易额就高达 5 403 亿元，而天猫购物节之所以能收获如此战果，阿里巴巴构建的“千人千面”个性化推荐系统功不可没。该系统真正实现了首页所有元素的个性化推荐，而驱动这个系统完美运行的核心是点击率和转化率的提升。如果能够对推荐系统进一步优化，将平台的整体转化率提升 1%，那么上述的交易额将再增加 54.03 亿元，这也是个性化推荐技术吸引众多互联网巨头青睐的原因。在社交方面，尤其是在微信、QQ 等社交平台上，推荐系统同样发挥巨大作用。它可以将用户快速分类，将具有相同兴趣爱好的用户分成一个群体，用户在与其他人交流时会更高兴，停留在平台的时间就会增长。在影音方面，尤其是在 YouTube、Netflix、网易云音乐等影音平台当中，推荐系统的作用同样重要。它可以根据用户平时听歌、看视频的习惯自动推荐相似的内容，使用户在平台上找到更多想看和想听的内容。在阅读方面，推荐系统同样可以根据用户的阅读习惯将更多好的阅读内容推送给用户，在这方面，今日头条算是做得比较好的。在服务方面，推荐系统可以根据用户的饮食、住宿、出行等需求在饿了么、携程等平台上完成个性化推荐。

随着互联网的飞速发展，图书领域也发生了巨大的变化，其中最主要的变化是各种各样的图书资源开始在网络和图书馆出现，种类繁多、内容繁杂，这就会导致人们在想要阅读一本图书时需要经历相对复杂的流程。过去，人们想读某本书时会先到书店、图书馆等场所去寻找，自然会花费大量时间；现在，人们可以通过网络搜索，但搜索引擎并不是万能的，也需要花费大量时间。而推荐系统的出现可以大大改善这种局面，尤其是个性化推荐系统不仅能帮助用户快速找到对应的书籍，还能为用户提供个性化服务，而且线上、线下都可以使用，有效地增加了图书的销售量，提高了人均阅读率。

近年来，有关图书馆的数字化建设得到高度的重视。如何提升图书馆的个性化服务能力也是提升图书馆服务水平的重要内容，因此，图书个性化推荐技术也得到了越来越多的关注，相关的研究也逐渐增多。再加上用户对个性化图书推荐的需求越发强烈，我们必须在研究和创建图书个性化推荐系统上加大投入力度。

1.1.2 研究意义

高校图书馆是高校的重要组成部分，是高校开展教学活动以及科研活动重要的服务支撑，通过了解、收集用户的潜在需求及兴趣爱好，为用户推荐更恰当的书籍，提供个性化图书推荐服务对提升图书馆的建设和服务能力尤为重要。由此可见，个性化图书或文献资源推荐系统对现代化高校图书馆的建设意义十分重大。

1.1.2.1 提高图书的利用率

图书馆的主要职责是充分发挥图书资源的作用，为学校的教学科研服务。提高馆藏资源的利用率是高校图书馆工作的重点，图书利用率对图书馆建设来说是一项非常重要的考察指标。图书利用率持续走低，造成了大量馆藏资源的浪费，同时，也是读者阅读范围受限的典型表现，严重制约了高校图书馆的发展。

提高图书利用率的关键是了解学校用户的潜在需求和兴趣爱好，为用户提供对应的服务，满足其阅读需求，避免图书闲置。通过新技术的应用为高校用户进行个性化图书推荐，能够有针对性地帮助读者更好地选择适合自己的图书，同时充分挖掘读者潜在的阅读需求，为读者提供更多的馆藏资源，改善图书利用率低的现象，不断促进图书馆的发展。

1.1.2.2 优化图书馆的服务

高校图书馆是高等学校的文献信息中心，是师生教学与研究的重要基地。高校图书馆就是要想方设法地为读者提供优质高效的服务，为教学与科研提供各种辅助性参考资料，以发挥自己应有的服务功能。近年来，高校图书馆图书利用率持续走低的现象，体现了图书馆服务水平的不足。图书馆的个性化推荐能够根据读者的知识背景、所学专业、阅读习惯、阅读喜好及服务需求等开展个性化的服务，不仅能使图书馆的服务更人性化，还能进一步推动图书馆建设进程。此外，读者也可以更精准、更快速地找到需要的书籍，节约大量时间。

1.1.2.3 为图书馆建设提供数据支持

个性化图书推荐是一个相对完整的数据分析系统。图书推荐只是其最为显著的功能之一，个性化图书推荐能够将以往积累的图书借阅等相关信息进行挖掘分析，不仅能进行个性化推荐，还能为将来图书馆的信息化建设提供更好的方案。尤其是在大数据时代，构建个性化图书推荐系统能进一步加快高校图书馆数字化服务模式的发展进程。因此，构建个性化图书推荐系统对高校图书馆具有重要的推动作用。

本书从技术和服务角度出发，分析了与图书个性化推荐相关的各类推荐算法的实现情况，并且对部分算法进行了优化和验证。在此基础上，尝试构建了基于各类推荐算法的个性化推荐模型，该模型可以根据读者自身的阅读兴趣及过往的阅读行为等数据为其提供个性化的图书和文献资源的推荐。

1.2 国内外研究现状

推荐系统这个概念早在20世纪90年代初就已经有人提及，经过三十多年的发展，成果斐然，特别是在工业领域以及学术研究领域，不但应用十分广泛，效果也是极佳，而在图书领域的应用研究也获得了许多关注。

1.2.1 推荐系统的研究现状

推荐系统并非凭空产生，它是以搜索系统为基础创建的，二者都具备解决信息过滤问题的能力。只是，二者发挥作用的场合及可满足的需求不同。如果用户清楚自己的需求，可以使用搜索系统获取信息，如果用户对自己的需求不够清楚，使用推荐系统更好，因为推荐系统能结合用户的模糊需求及潜在兴趣给出多项推荐，充分满足用户的实际需求。从总体上看，推荐系统更符合现代人的应用场景，通过收集用户的兴趣爱好和行为特性来推荐更符合用户喜好的产品，不仅能增强用户对产品的依赖性，还能创造更多惊喜。

1992年，以Goldberg为首的专家将协同过滤的新思维融入了帕洛阿尔托研究中心Tapestry系统中，这是世界上首次。1994年GroupLens研究组发布了新闻推荐系统，这是世界上第一个根据协同过滤思想创建的形式化模型。1997年，推荐系统这个全新的理论正式问世，提出者是Resnick。推荐系统一经提出，立刻受到了社会各界人士的关注，尤其是商业界及学术界更是高度关注。后来无数研究推荐系统的机构相继成立，这些机构提出了一个又一个新的研究成果。推荐系统开始进入正式应用阶段，但应用率并不高，只在音乐、影视、电商及图书领域应用。2006年10月，Netflix公司对外发布了一个数据集，宣称这个数据集中包含了超过1亿条匿名的电影评论，如果任何人或团队能将现有推荐算法的准确度提高10%以上，奖励一百万美元。这个活动的提出立刻在推荐系统领域引发巨大轰动，当时就有超过4万支队伍着手研发，他们来自全球186个国家，这一活动的提出对推荐系统的发展起到巨大的推动作用，更是让商业界及学术界提高了对推荐系统的重视程度。2007年第一届ACM推荐系统大会在美国举行，到2022年已经是第15届。2016年，YouTube将深度神经网络应用到推荐系统中，使推荐系统进入深度学习时代。

国内对于推荐系统的研究并没有国外那么早，但国外研究提出的各种先进的技术对我国推荐系统的研究发展提供了很多帮助。2009年7月，我国第一个研究推荐系统的专业团队北京百分点信息科技有限公司成立，它每天为数以千万计的消费者提供实时智能的商品推荐。2011年9月，李彦宏在百度世界大会上将推荐引擎与云计算、搜索引擎并列为未来互联网重要战略规划以及未来发展方向。百度新首页逐步实现了个性化，智能地为用户推荐相关的资讯。2012年今日头条上线，它是第一个完全利用推荐系统进行流量分发的内容类App。2015

年的双 11，淘宝正式宣布开启“千人千面”的时代，这标志着推荐系统在电商领域的分发效率已经远远超过了传统的人工配置或者 BI 的方式，推荐系统已经渗透到人们生活的很多领域，从阅读新闻到网上购物等。

2014 年，阿里巴巴搭建了一个特殊的平台——“天池”，以其为依托，举办了第一届阿里巴巴大数据竞赛。这场竞赛的主题就是天猫推荐算法挑战，无数的高校学子通过这个竞赛进行大数据实战，推动高校对大数据分析和推荐算法的研究及人才培养。

1.2.2 推荐算法的研究现状

国内和国外的很多专家学者不仅对推荐系统的应用展开了研究，对推荐算法也开展了大规模、有深度的研究，得到了很多研究成果，但也发现了许多问题。

Raymond 等人认为基于内容的推荐能够有效地解决推荐时的冷启动问题，推荐结果也更加易于解释。Suigiyam 等人利用用户标签获取用户兴趣特征向量，然后将其与推荐项目的特征向量进行比较，只推荐相似度高的结果，这样能保证推荐更精准。GroupLens 以评分为基础编写的协同过滤算法已经应用到 CDNOW 电商平台中，且效果极佳。为了解决数据稀疏的问题，Jongyi 认为可以将用户的情境信息融合到系统当中。Sarwar 等人则是通过奇异值分解技术来降低特征向量空间的维数，从而提升系统对周边邻居的搜索速度。Wang H 等人则以知识图谱端到端为核心的推荐模型，通过这个模型可以有效缓解数据稀疏问题，而且这个模型可以通过交叉压缩单元自动共享潜在特征，并学习到用户物品和知识图谱中实体关系的向量表示。Mlungisi Duma 则是根据人工免疫系统提出一种矩阵因子分解算法，通过这种算法能优化潜在的特征向量，这种算法的适用性极强。Pedro G. Campos 等人则是构建了 TIN-LDA 模型，这种模式将文本交互信息当作数据基础源，大大提升推荐的质量。Pazzani 等人则编写了全新的推荐算法，算法会自动分析信息内容推荐对应结果，同时根据结果推荐最优的组合。

国内方面，也有诸多的研究者对推荐算法进行了广泛的研究。付文静构建了 RC-DFM 模型，将内容和评论加权融合，不仅提升了推荐的精准性，还能有效缓解数据的稀疏性，但是，这种模型也有缺陷，如果数据集过大，随着时间的增加推荐效率会逐渐降低。王辉等人则是深入研究冷启动问题，将用户评分和项目属性结合到一起分析并得出最终分值，再向用户推荐，这种方式也有缺点，对于新用户无法精准推荐。杨武等人则是对算法进行了改进，将根据基于内容的推荐算法和基于协同过滤的推荐算法相融合在一起，提高推荐的精准性。

根据“长尾理论”，无论商品是否流行，销售量都应该是相近的，袁煦聪在此基础上编写 Item-CF-IIF 算法，该算法通过对热门商品进行惩罚、对推荐物品进行优化排序，不仅提高了推荐的精准度，还能让用户获得良好的购买体验。王博结合用户的需求和兴趣爱好为用户推荐符合其偏好的新闻，能有效避免用户在寻找新闻过程中花费大量时间，只不过这种推荐不够精准，且效率偏低。

高茂庭则构建了一种融入了时间函数和社交网络的主题模型，通过这个模型能大大提升推荐效率。Zhang F 等人通过在推荐中设置用户排序的主题模型，提升用户对推荐内容的满意程度。李明起则提出了一种改进 FCM 的协同过滤推荐方法，这种方法能将用户偏好的相似度与用户评分矩阵的相似度进行加权求和来计算用户相似度，大大提高了推荐结果的精准度。王立才在推荐系统中融入了上下文信息，能提高推荐精准度。

刘辉等人则是提出了一种增量更新推荐列表的方法，同时使用潜在语义分析进行融合的方法来保持商品正相关，能有效应对用户喜好发生变化的情况，但缺点是可能会出现语义分歧。

1.2.3 图书馆个性化推荐应用现状

国外开始研究图书馆推荐系统的时间要比我国更早一些，因此，从总体水平上看，国外图书馆的信息化水准相较国内也要高一些。当前，国外已经在图书领域以及相关领域当中正式应用各式各样的图书推荐系统，可以让用户享受到更针对、更专业的推荐服务。

在国外，人们最常使用的图书推荐系统是 Amazon 和 Google Reader，这两个系统通过收集用户信息为用户提供图书推荐，如用户浏览图书信息、用户关注其他用户信息等。此外，还有一些图书推荐系统也深受无数外国民众追捧。例如，美国斯坦福大学自主研发的 Fab 推荐系统，这个系统的算法是基于内容推荐算法和基于协同过滤算法为基础研制的混合算法，为用户提供的推荐服务自然也是混合式的，该系统能够有效的过滤用户浏览信息当中存在的无用信息，为用户提供更精准的图书推荐服务。

德国尔斯鲁大学经过细致研究后构建了 Big Tip 系统，并于 2009 年正式将该系统实际应用。此系统为用户提供推荐服务是通过全方位分析用户的行为数据来实现的。这个推荐系统的服务器端口会优先对用户的行为数据进行分析、处理，然后提供个性化推荐，只需将该系统的对外接口与图书馆系统连接，就能使图书馆为所有读者提供推荐服务。

Ex Libris 系统是以 OpenURL 标准及 OAL-PMH 标准为基础构建的推荐系统，而 OpenURL 标准及 OAL-PMH 标准的主要作用是对元数据添加特殊标记。为了缓解系统存在的冷启动问题，该系统广泛使用了多所高校的图书数据，这就意味着，当高校没有储存大量数据时，该系统就无法为用户提供图书推荐服务，而是会优先积极获取或搜集大量的数据资料，当数据资源足够后才能正式提供推荐服务。还有一个特殊的图书推荐系统——LIBRA 系统，此系统的特殊之处在于该系统的推荐服务需要结合图书描述和用户评分，即该系统优先对某本图书的作者、题目、主题和摘要进行详细描绘集成图书特性，然后结合用户对该图书的评分和优劣判断使用朴素贝叶斯算法完成推荐。此外，还有一些推荐系统使用也相对广泛，它们或是基于协同过滤推荐算法或是基于内容推荐算法或是基于两者融合算法构建的推荐系统，如美国伊利诺伊州立大学芝加哥分校使用的 My Library 系统、奥本大学图书馆使用的 My Library 系统及康奈尔大学图书馆开发并使用的 MyLibrary@Cornell 系统等。

相较于国外，国内研究图书馆个性化推荐系统应用的起步稍微晚一些，但也取得了许多优秀成果。例如，清华大学开发构建的推荐系统——Open Bookmark 系统，该系统所使用的算法是以基于内容推荐算法和基于协同过滤推荐算法两种算法为基础构建的融合算法，而且其基于内容推荐算法将用户的需求特征向量和项目的特征向量进行了相似度计算，然后进行匹配式推荐，这样做能将符合用户兴趣的图书数据推荐给用户，满足用户的实际需求。此外，还有很多高校图书馆个性化推荐系统深受本校师生的喜爱，其中可以称为典型代表的有由南京大学开发、构建的 DOLTRL-Agent 系统，这个系统属于个性化信息搜集智能体以及由北京人大金仓信息公司开发、构建的 Kingbase DL 系统，这个系统属于数字图书馆的个性化推荐系统，其他还有深圳大学图书馆开发、构建的图书馆自动化集成系统，浙江大学开发、构建的 My Library 系统等。

显然，高校及部分科研机构是研究推荐系统的主力军。而近些年随着社会的发展和进步，一些商业公司看到推荐系统的优势，先后投入个性化推荐研究中，希望研究出一款符合自己的推荐系统，提升民众对自己产品的熟悉度和浏览量，增加销量，其中图书领域的商业公司更是走在研究的最前列，不断追加投入和精力。例如，当当网，该网站顺应时代发展，通过使用 MongoDB 及 Hadoop 等先进的数据库和开发工具，搜集并存储用户的相关数据，然后运用数据发掘以及个性化推荐算法等先进技术对这种数据进行全方位的分析，得出用户的兴趣爱好，构建出当当网特色的个性化图书推荐系统。

1.3 主要研究内容和研究方法

1.3.1 主要研究内容

如今，高校图书馆并不能熟练且广泛的应用个性化图书推荐系统，所以，此处以高校图书馆用户的相关特性为核心，结合不同类型的个性化推荐服务，深入地分析和研究个性化图书推荐时存在的各种问题，主要内容为：

第一，对研究个性化图书推荐的特殊背景及重大意义进行细致的分析，全面概括当前个性化图书推荐的研究情况，详细地阐释个性化图书推荐的理论基础，如仔细分析当前国内外应用个性化图书推荐系统的真实情况、详细地介绍个性化图书推荐的相关算法及透彻的解析个性化图书推荐技术的相关理论。

第二，对基于关联规则的个性化推荐进行了深入研究，简要阐释了关联规则的相关基础理论，对关联规则挖掘的经典 Apriori 算法进行了分析。在此基础上，分析了基于过滤的 Apriori 改进算法和基于关联规则的图书推荐模型。

第三，对基于聚类的个性化推荐进行了分析和研究，主要包括聚类分析的概念及原理、典型的 K–Means 聚类算法思想及实现流程。在此基础上，为了提高图书个性化推荐的准确性，提出了 K–Means 聚类推荐的改进方法，结果显示该改进方法能提高推荐的准确率。

第四，对基于内容的个性化图书推荐问题进行探究，对基于内容推荐算法的概念和流程进行全方位的阐释，分析了用户兴趣模型、图书（文献）特征模型、相似度计算及综合推荐度计算等指标，提出了基于内容的个性化图书推荐模型，实验结果也显示了该模型能为用户推荐符合其需要的结果。

第五，对基于协同过滤的个性化推荐进行分析，对协同过滤算法的原理、定义以及分类进行详细的介绍，细致地分析根据用户和物品两种不同协同过滤算法的具体流程。在此基础上，提出了相应的改进算法，将用户属性融入相似度计算，提高了推荐结果的准确性。

第六，对基于知识图谱的个性化推荐进行了分析，在这一部分，详细地介绍了知识图谱的概念和相关理论，基于知识图谱的推荐算法为基础，探讨了基于知识图谱的个性化图书推荐的实现过程。

第七，对图书个性化推荐系统的设计与实现进行分析，详细地讲述图书个性化推荐系统的开发环境以及系统架构，并对部分的推荐功能实现进行了详细介绍，推荐系统可以为用户提供初步的个性化的图书和文献推荐。

第八，对高校图书馆个性化信息推荐的研究进行了总结和展望。

1.3.2 主要研究方法

1.3.2.1 文献调研法

文献研究对于课题的开展和研究至关重要，前者是后者的先决条件，即文献研究能帮助人们更详细地了解系统，了解系统研究的背景以及先进的理论知识，对研究可能遇到的问题有更完整的掌握。此外，翻阅文献能帮助人们知晓当前国内外应用个性化推荐的真实情况，并以此为基础分析当前最常用的主流推荐算法，如关联规则的个性化推荐、基于聚类方法的推荐、基于内容的推荐、基于协同过滤的推荐和基于知识图谱的推荐等，针对其存在的问题及结合图书馆的个性化图书和文献推荐实际需求，查找相关的文献，厘清研究的思路。

1.3.2.2 模型研究法

对上述各主流的推荐算法进行分析和研究，然后对各推荐算法结合图书馆的个性化推荐实际需要提出相应的改进方法，如在基于聚类的个性化推荐中引入了权重参数以及在基于内容的推荐当中考虑了综合相似度的影响；基于内容的个性化推荐模型中引入了综合推荐度的指标，从而使推荐模型能够实现更好的推荐。

1.3.2.3 实验研究法

本书将利用所在高校图书馆的相关历史数据，验证所提出的个性化推荐模型改进方法的有效性，通过结合模拟测试数据及图书馆真实的用户借阅历史数据进行测试验证，分析对比在模拟数据和真实数据条件下，不同推荐模型推荐结果的查准率、召回率及资源开销情况，从而会后续不断优化模型奠定基础。

1.4 创新点

本书的创新点主要包括以下内容：

（1）在对个性化推荐主流算法的分析基础上，结合高校图书馆个性化推荐的实际需要，对相关的推荐模型提出了改进的方法，如在推荐过程中考虑不同权重，以及未来还要考虑不同热门程度图书影响以及读者兴趣的变化等各种因素对推荐结果的影响；而在基于内容推荐的改进过程中，综合了包括用户个人偏好的兴趣特征、文献属性的特征向量等多项指标形成的综合推荐度计算方法，有效地提高了模型的推荐准确率。

（2）对各推荐模型进行模拟数据测试的基础上，搭建了高校图书馆的图书个性化推荐系统模型，实现了其中主要的几种推荐方法，并且综合利用不同推荐模型的结果为用户实现最优的推荐方案。从实际试运行的结果看，该推荐系统具有较好的推荐效果，但后续还需要进一步优化。

第 2 章　个性化推荐的理论基础

2.1　个性化推荐技术概述

2.1.1　个性化推荐技术介绍

个性化推荐技术解决了用户与内容之间的关系，是二者之间的桥梁。那么，以个性化推荐技术为基础搭建的推荐系统自然可以细致地分析用户的喜好和兴趣，然后根据结果为用户推荐更精准、恰当的信息，给用户带来沉浸式体验，让用户感受到满足感，优化用户体验。

所谓的“个性化推荐”就是我们通常所说的“千人千面”。应用个性化推荐系统能全面分析用户的性格特征和历史行为，从而为用户推荐最恰当的信息和商品。当前，国内应用了个性化推荐系统的行业或平台有许多，如私人FM和网易云音乐的每日推荐模块，这些模块会根据用户的习惯自动推荐其喜欢的歌曲；淘宝主页上的商品推荐模块也会根据顾客的购物行为数据推荐其可能想要购买的商品；今日头条的新闻推荐模块会根据读者的阅读习惯推荐其可能想看到的资讯。

不难看出，个性化推荐离不开对用户数据的收集，这一步的重要性不容忽视，因为只有收集到用户数据，推荐系统才可以根据采集到的用户数据分析用户的特征、兴趣和喜好，为用户提供令其感到满意的个性化推荐。收集用户数据有两种主要形式：第一种是显式反馈，即用户告诉你他们喜欢和想要的信息；第二种是隐式反馈，即系统将收集用户不会注意到的行为数据。

在显式反馈数据收集时，最常用的方法是用户每体验一件物品后就对其给出一个综合的评价，此评价能充分地显示用户对该物品的喜好，进而判断用户对该系列物品的喜好，再结合用户的评价内容，如淘宝的购物评分、网易云音乐的"我最喜欢"等功能。另外，可以让用户选择其感兴趣的类别。例如，新闻客户端会让用户选择感兴趣的新闻类别，豆瓣会让用户选择感兴趣的电影和电视剧分类，这些用户主动提供信息的方式都称为显式反馈。

除此之外，还有用户看不见的隐式反馈的数据收集方式。为什么在现在的大数据时代 BAT 等互联网巨头拥有不可撼动的优势呢？很关键的一个因素就是他们掌握了大量的用户数据。以阿里为例，淘宝天猫等电商平台会记录用户的购物行为数据，用户的偏好、年龄特征及生活习惯都能够分析出来；饿了么会记录用户的饮食习惯和偏好，如用户多久点一次外卖，喜欢吃什么食物都会被记录；高德地图则会记录用户的出行信息，用户的出行方式及出行路线信息等都会被记录下来。这些数据都是用户不太注意，但是都被各大平台或者 App 采集的众多数据。其实单个信息并不可怕，可怕的是把这些信息综合起来，就形成了一个完整的人物画像，你的年龄、性格、住址、习惯、兴趣等所有信息都会被提炼出来，而这些都是"个性化推荐"的基石，有了这些信息，推荐系统便可以根据其人物特征进行个性化推荐。

个性化推荐模块作为图书馆管理系统的重要组成部分，其最主要的功能就是让读者花费最少的时间来寻找到符合自身兴趣偏好的馆藏资源，为读者提供更好的资源获取渠道。个性化推荐模块就是以读者需求为基础，综合读者借阅信息、背景信息、图书评价信息以及兴趣偏好的变化等多方面因素，充分挖掘读者的兴趣偏好，为每位读者提供个性化的推荐服务。比如热门图书推荐、相似用户推荐、个性化的资源搜索及推荐等。

为用户推荐最新、最及时的信息是系统应用个性化推荐技术最显著的目的，换言之，如果用户改变了自己的行为特性，或者信息数据资源发生变化，个性化推荐系统也会及时改变所要推荐的信息，这样就大大提高了推荐的效率和准确性。

个性化推荐系统实际上是一项实现用户个性化服务的解决方案，为了实现最终的个性化服务，需要涉及众多的工作任务，如日志收集、数据存储、特征工程、UI 展示与交互、分布式计算、推荐效果评估、推荐算法建模等，由此可知，推荐系统是一个相对复杂的、规模宏大的体系化工程。从某种程度上讲，个性化推荐技术可视为机器学习的分支应用，不少的机器学习及深度学习的技术被引入个性化推荐技术之中，以各种算法为基础来构建系统模型，不仅能及时显现用户喜好的改变，还能使推荐内容更为精准、更有惊喜、更具覆盖性等。对用户来讲，个性化推荐系统是其获取更多感兴趣内容的关键方式；对个性化推荐系统来讲，为用户推荐个性化信息服务是其实现自身价值的重要方式。

2.1.2　个性化推荐技术的发展历程

1987 年，麻省理工学院和密歇根州立大学的研究人员提出了一个想法，就是设计一种新型的信息共享系统，只将相关的信息分发给那些认为这些信息对自己有价值的人，而不去干扰那些认为这些信息对自己没有价值的人，这一想法实际上就是推荐系统的萌芽。自此，推荐系统的研究开始逐步深入并且带来越来越高的商业价值。推荐系统是互联网时代的一种信息检索工具，个性化推荐系统的发展离不开互联网兴起的大背景，最早的推荐系统可以追溯到 Xerox 公司在 1992 年设计的应用协同过滤算法的 Taperstry 邮件系统，其目的是解决 Palo

Alto 研究中心信息过载的问题。同年，Goldberg 提出了推荐系统的概念。这一概念的提出成为个性化推荐系统出现的重要推动力，其对于个性化推荐系统的发展和应用发挥了巨大的促进作用，使其在短短几十年的时间里就成为包含基于内容的推荐、基于协同过滤的推荐、基于知识的推荐、基于效用的推荐、基于混合式推荐等多项技术的完善的、有条理的系统，其发展历程如图 2-1 所示。

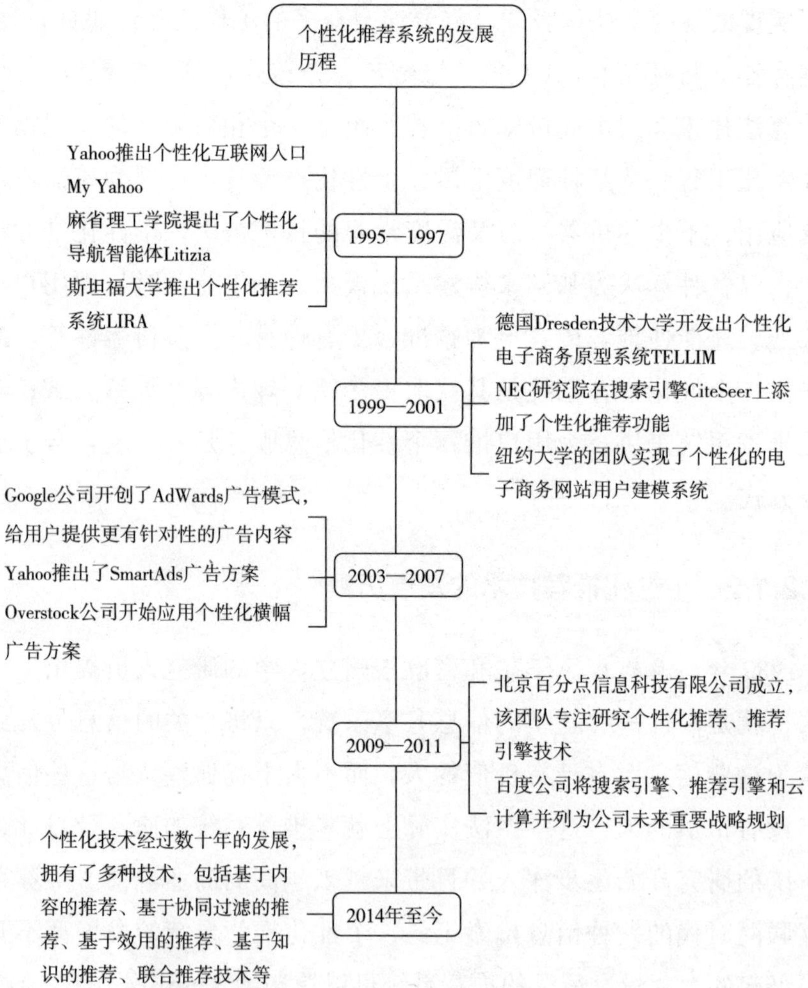

图 2-1　个性化推荐系统发展历程

早期，推荐系统为用户提供的推荐服务十分简单，主要是根据物品的排列顺序来决定推荐的内容，具体来讲就是系统将多个物品根据新闻阅读量、话题点击量以及物品实际销售量等不同的排序方法进行排序，然后向用户推荐在排行榜当中排序在最前面的几种物品。从某种程度上讲，这种方法效果很好，至今仍然有许多网站在广泛应用。但另一方面，这种方法也存在着巨大的缺陷，即只有少量排在前列的物品能够得到推荐，更多的物品则被埋没不为人知。由“长尾理论”可知，细分市场同样存在巨大的利润，所以，当前人们研究推荐系统最核心的目标就是实现信息资源的充分利用，保证推荐的精准度。

所谓的个性化推荐系统其实就是从用户角度出发，以用户的喜好和兴趣来决定推荐的内容，因此，不同用户之间必然会获得不同的推荐内容，这样做既能保证被推荐物品能够符合用户的喜好，保证推荐的精准度和成功率，还能大幅度扩展物品的推荐范围，收获细分市场的利润。

2.1.3　个性化推荐系统架构

个性化推荐系统是建立在个性化推荐技术支持之上的一种智能平台，是个性化推荐技术在人们生产生活中发挥作用的具体形式。随着个性化推荐技术研究的深入和成果的不断积累，个性化推荐技术的应用领域也在不断地拓展。例如，日常生活类推荐、新闻和娱乐类推荐、商务智能推荐及决策支持等，其推荐方法也处在不断的发展和创新之中。

推荐系统要解决的用户痛点是用户如何在信息过载的情况下高效地获得感兴趣的信息。实际上，这里的信息包括很多方面，如新闻信息（新闻推荐的信息）、视频信息（视频推荐的信息）、商品信息（商品推荐的信息）等，这些信息其实都属于物品信息。而从用户的角度出发，为了更好地推测出用户的兴趣点，推荐系统还需要掌握与用户相关的信息，如历史行为、社交网络以及人口属性等。另外，如果用户在一些具体的、特殊的推荐场景中作选择时，通常会受到场景中各种因素的影响，如做时间选择、场景所处地点、用户当时状态等，这些信息其实就属于场景信息，也可以称为上下文信息。

推荐系统在获取到足量的物品信息、用户信息以及场景信息后，就可以将需要解决的问题进行形式化定义，即这个问题就变成了用户U（user），在特定的场景C（context）下，面对系统中存在的各种各样的信息，创建一个对应的推荐函数f（U，I，C），预测用户对候选物品当中的某种物品I（item）的喜好程度，然后将所有物品按照喜好程度进行推荐排序，形成最终推荐列表的问题。

已知推荐系统所要解决问题的形式化定义，可以粗略地搭建推荐系统的逻辑框架，如图2–2所示。虽然该逻辑框架是概括性的，但是在此基础上，对各模块进行细化和扩展，就产生了推荐系统的整个技术体系。

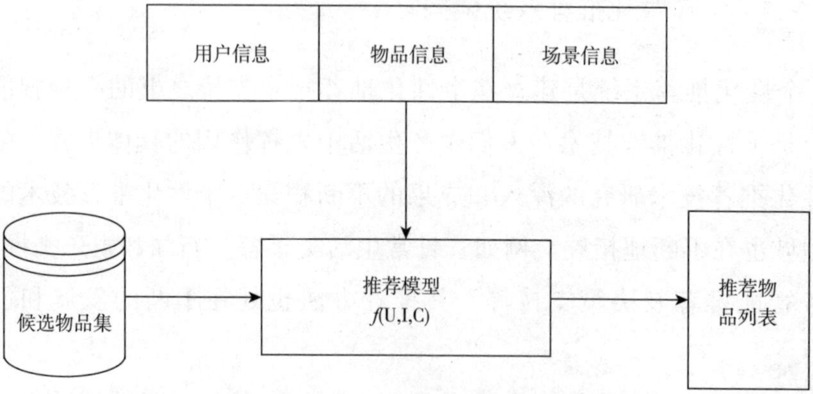

图2–2　推荐系统逻辑框架

显然，一个完整的个性化推荐系统必须包含三部分，分别是信息提取、信息推荐以及结果排名，其架构如图2–3所示。

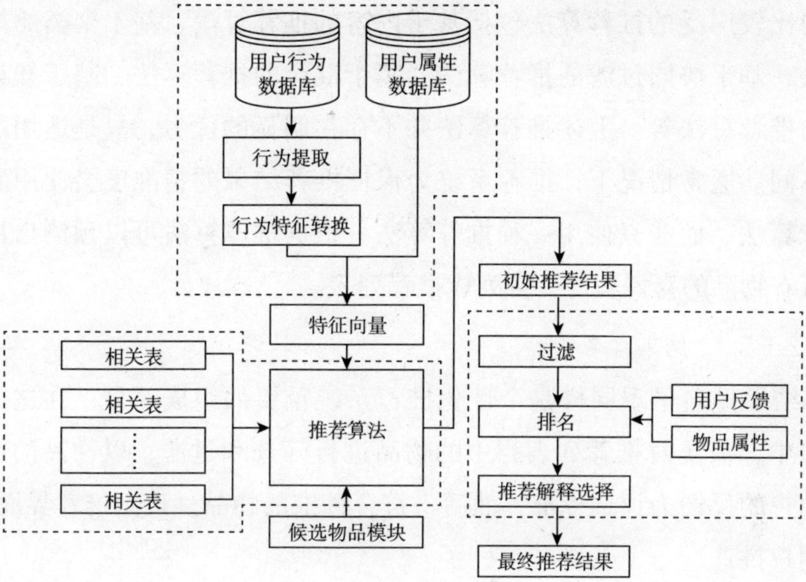

图 2-3　个性化推荐系统架构

2.1.3.1　信息提取

信息提取模块的主要任务是收集目标群体的行为数据，并根据收集到的数据提取目标群体的特征。从某种意义上讲，信息提取环节其实就是为用户建模的过程，它是个性化推荐系统能够平稳运行的先决条件，创建用户模型可以使推荐系统更好地理解用户的兴趣和特征，模型的好坏决定了推荐的精准度。个性化推荐系统只有对目标群体的行为特征具有全面、深入的了解，才能更为准确地开展接下来的数据分析与结果呈现工作。

2.1.3.2　信息推荐

在个性化推荐系统当中，最关键的步骤就是信息推荐，它能直接影响推荐的最终结果。而想要实现信息推荐就必须应用具体的推荐算法，由此可见，推荐算法对于最终的推荐内容至关重要，不同的推荐算法其得到的推荐结果必然会有区别，甚至有可能差异还挺大。当前应用比较广泛的推荐算法包括基于内容的推荐算法、基于聚类的推荐算法、基于协同过滤的推荐算法、基于混合的推荐算法、基于知识图谱的推荐算法等。上述推荐算法并不存在明显的优劣，只是适用的场景不同。通常情况下，推荐系统为保证推荐结果的精准度会使用融合推荐算法，而非只使用一种推荐算法。根据推荐算法可以预测出用户对所有物品的喜好程度，排列成推荐列表。

2.1.3.3 结果排名呈现

结果排名呈现同样是个性化推荐系统重要的组成部分，在这一环节当中，需要对推荐列表当中的物品进行筛选和过滤，以物品的特性和用户的反馈为评选标准，然后将符合标准的物品呈现到推荐界面上，供用户挑选。

2.1.4 个性化推荐系统的评测

那么，怎样的个性化推荐系统能称为优秀的推荐系统呢？通常情况下，优秀的个性化推荐系统不但能保证为用户推荐的物品与其喜好接近，更重要的是还能大大地拓宽用户的视野，帮助其发现一些可能感兴趣但并不会轻易寻找到的物品。

对此，人们制定了一些特殊的指标来评定个性化推荐系统的优与劣，如精准度、惊喜度、覆盖度、信任度以及新颖度等。这些特殊的指标并没有统一计算方法，部分指标通过离线计算可以得到，部分指标却需要在线计算才可以得到，甚至有些指标只能通过用户的真实反馈才能得到。

对推荐系统来讲，用户的重要性不容忽视，他既是参与者也是评判者，他对推荐系统的满意度评价是决定推荐系统优劣的关键指标。通常情况下，推荐系统获得用户满意度评价的方式主要有两种，一种方式是在线实验，这种方式主要通过统计用户的行为得到。例如，系统为用户推荐了一种物品，用户在浏览过后实施了购买行为，这其实就是一种特殊形式的满意；也可以在网站的推荐界面上专门设立两个按钮，一个是满意，另一个是不满意，由用户自行判断并按下按钮，完成评价；也可以通过用户在推荐物品上停留的时间以及用户对推荐物品的点击率和转化率等特殊的指标来显现用户的满意度。另一种方式是用户调查，这种方式的主要形式是问卷调查或者用户完成规定操作行为，通过统计相关数据得出用户对推荐系统的满意度。

推荐系统或推荐算法对用户行为的预测能力可以用预测准确度这个指标来表示，它可以通过离线计算得出，是评价推荐系统优劣的关键指标。通过预测准确度指标计算可以帮助人们更快速、更精准地选择最恰当的算法。但是，预测越精准并不意味着推荐内容就越好，预测准确度高的现象可能是因为推荐算法对当前数据过分依赖而导致过拟合的现象。预测准确度可以根据形式不同分为两种，一种是评分预测准确度，另一种是 Top-N 推荐准确度。当前很多网站都设立了用户对物品打分的功能，如 IMDB 电影网站中就设立了用户在观影后可以为影片打分的功能，评分预测准确度就是以这种打分功能为基础作出对应的预测行为，具体讲就是根据用户对某种物品的打分数据构建一个用户兴趣模型，预测用户对其他物品的评分。评分预测准确度的计算方式有两个，一个是均方根误差（RMSE），定义如下式：

$$\mathrm{RMSE}=\sqrt{\frac{\sum_{u,i\in \boldsymbol{T}}(r_{ui}-\hat{r}_{ui})^2}{|\boldsymbol{T}|}} \tag{2-1}$$

另一个是平均绝对误差（MAE），定义如下式：

$$\mathrm{MAE}=\frac{\sum_{u,i\in \boldsymbol{T}}|r_{ui}-\hat{r}_{ui}|}{|\boldsymbol{T}|} \tag{2-2}$$

式中：u——用户；

i——物品；

r_{ui}——用户 U 对物品 i 的实际评分；

$\hat{r}_{ui}$——推荐算法给出的预测评分。

所谓的 Top–N 推荐指的是系统通过为用户提供个性化的推荐列表实现推荐服务。Top–N 推荐的准确度主要由两个指标来计量，一个是准确率（precision），另一个是召回率（recall）。

准确率就是最终的推荐列表中推荐对了的内容占比，也就是最终推荐结果和测试集数据做比较，计算推荐正确的比例，其定义如下式：

$$\text{Precision} = \frac{\sum_{u \cup U} |R(u) \cap T(u)|}{\sum_{u \cup U} |R(u)|} \quad (2\text{–}3)$$

召回率表示对于原来的样本而言，有多少样本当中的正例被预测正确了，其定义如下式：

$$\text{recall} = \frac{\sum_{u \cup U} |R(u) \cap T(u)|}{\sum_{u \cup U} |T(u)|} \quad (2\text{–}4)$$

式中：$R(u)$——根据用户在训练集上的行为给用户做出的推荐列法；

$T(u)$——用户在测试集上的行为列表。

另外有关个性化推荐系统的评测还包括覆盖率、新颖性、惊喜度等指标。覆盖率的定义并不精准，它其实是指推荐系统发掘长尾物品的能力，也可以说是推荐系统推荐的物品在全集空间的比例。新颖性指的是推荐系统为用户推荐的物品都是用户未曾听说过的物品，换言之，就是不属于热门的物品，保证新颖性的最简单方式是充分利用推荐结果的平均流行度，推荐的新颖性与用户是否听说过被推荐结果有直接关系。惊喜度属于近几年新出现的概念，如果推荐系统给出的推荐结果和用户过往的历史偏好不相似，但用户看到推荐结果后的反馈却是比较满意，这时候就可以说推荐的惊喜度比较高。

2.2　主流的个性化推荐算法介绍

2.2.1　基于关联规则的推荐算法

在最初的数据挖掘研究领域，关联规则挖掘是一项十分关键的研究内容，研究这种关联规则可以清楚地发现不同项集之间存在的特殊联系，它在我们日常生活中有非常多的应用场景。“购物篮分析”就是最为经典的应用场景之一，这个场景可以从消费者交易记录中发掘商品与商品之间的关联关系，进而通过商品捆绑销售或者相关推荐的方式带来更多的销售量。

基于关联规则的推荐是根据用户的浏览记录或者图书借阅记录，分析不同图书或物品之间的关联关系，从而给出用户对某些物品或图书可能感兴趣的推荐算法。通常情况下，推荐系统需要处理的数据集十分巨大，所以，这种算法一般都是在离线状态下进行，否则会影响业务系统的服务。

Apriori 算法是最早提出，也是最为经典的关联规则挖掘算法，该算法是通过逐层遍历和迭代得到最终的挖掘结果，想要得到第（k+1）频繁项集的结果，需要第 k 频繁项集的结果作为基础，其具体实现步骤如下：

（1）对全部事务中出现的项目进行扫描，根据扫描结果建立频繁项集。

（2）对不同支持度阈值的项集进行筛选。

（3）对满足支持度阈值的项目进行配对形成候选项集，配对过程无须考虑先后顺序。

（4）遍历事务数据库，对所有候选项集在所有事务中出现的频次进行统计进而得到频繁项集。

（5）对所有频繁项集是否满足预设的最小置信度要求进行确认，将满足的项进行输出，最终得到所有满足条件的关联规则。

需要注意的是，如果项集 ***X*** 是频繁项集，那么它的非空子集都是频繁项集，Apriori 算法就是利用了频繁项集的这个性质实现剪枝的。

Apriori 在计算时存在如下不足：

（1）可能会产生大量的候选项集，因为采用排列组合的方式，把可能的项集都进行了组合。

（2）每次计算都需要重新扫描数据集来计算每个项集的支持度，资源的开销比较大。

正是基于 Apriori 算法需要很多的计算时间和存储空间，后面又提出了改进的 FP-Growth 算法：

（1）首先删除不满足最小支持度的项，通过创建一棵 FP 树来存储频繁项集，从而最大限度地减少了存储空间。

（2）整个生成过程只遍历数据集 2 次，大大减少了计算量。

2.2.2 基于内容的推荐算法

基于内容的推荐算法是在推荐系统中使用时间最早，而且至今在很多推荐系统中依然广泛使用的推荐算法，其效果极为优异，最具代表性的基于内容的推荐系统就是今日头条推荐系统。基于内容的推荐算法其实就是以用户相关信息、标的物相关信息以及用户对标的物的操作行为来构建推荐算法模型，为用户提供推荐服务。用户相关信息指的是年龄、性别、偏好、收入、职业、地域等人口统计学的相关信息；而标的物相关信息主要是对标的物表述的元数据信息、标签、用户标注或者用户评论等；用户对标的物的操作行为包括点赞、购买、浏览、收藏、评论、转发、点击、加入购物车等；显然，基于内容的推荐算法并不会涉及其他用户的任何行为，只为本用户提供推荐服务。

基于内容的推荐算法首先要收集、处理、分析用户的历史行为数据，其次对这些数据的分析得出用户的兴趣爱好，最后以得出的用户偏好情况为依据为用户推荐符合其偏好特征的标的物。基于内容的个性化推荐实现过程通常要经过以下几个步骤：

（1）基于用户相关信息和用户操作行为创建用户特征表示。

（2）基于标的物相关信息创建标的物特征表示。

（3）基于用户及标的物特征表示为用户推荐标的物。

具体推荐过程如下：①将标的物特征转化为向量化表示；②通过余弦相似度计算两个不同标的物之间的相似度，得出标的物相似度值；③结合用户历史记录中标的物的相似值为用户推荐最相似的标的物。用户的兴趣爱好也存在对应的标的物，这些标的物可以作为用户的推荐候选集，这就是倒排索引法，是解决搜索业务最常用的方法。

基于内容的推荐模型如图 2-4 所示。

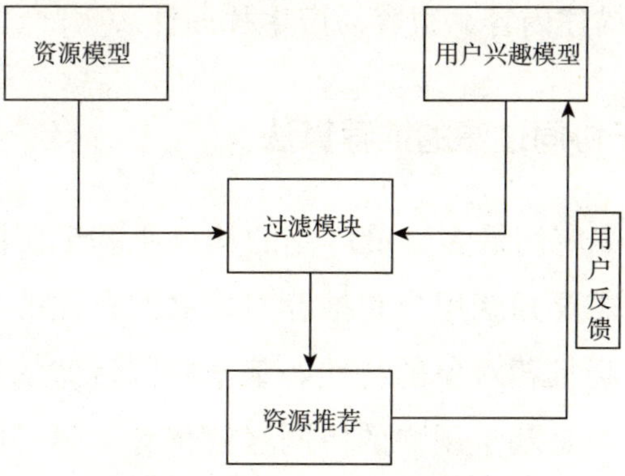

图 2-4　基于内容的推荐模型

基于内容的推荐算法有如下优点：

（1）推荐结果与用户之间并没有明显联系，只是与用户的喜爱内容极为相似，其他用户对推荐结果没有任何影响。

（2）对于新内容来说，并不需要搜集用户过去与之相关的数据资源，只要知晓其分类标签就能向用户推荐，自然也不会发生冷启动问题。

（3）可以对用户兴趣进行相对完整的建模，再结合标的物属性维度的增加，这样推荐更精准。

（4）与基于协同过滤的推荐算法相比，这种推荐不会存在数据稀疏的问题。

基于内容的推荐算法存在以下不足：

（1）由于推荐结果只与用户的兴趣爱好和推荐对象的内容特征有关，因此，只要用户兴趣爱好不发生改变，就只能继续收获相似的推荐结果，无法产生新的推荐结果，用户也不会发现新的兴趣点。

（2）冷启动问题对于新用户的推荐而言是比较棘手的问题。因为推荐系统对新用户的兴趣爱好一无所知，自然无法为用户推荐最适合的物品，新用户也无法获得满意的推荐结果。

（3）对内容建模时必须要保证模型完整且全面，单纯依靠分类标签并不能全面地描述内容，很容易产生片面性。

2.2.3　基于协同过滤的推荐算法

在推荐系统中应用最多、最广泛的莫过于基于协同过滤的推荐算法，这种算法只需要知晓用户和推荐对象之间存在的兴趣爱好关系即可，并不需要知晓推荐对象的特性。基于协同过滤的推荐算法大致可以分为两类，一类是基于用户的协同过滤推荐，另一类则是基于物品的协同过滤推荐。

基于用户的协同过滤（User-based CF）推荐也可以称为 K 最近邻算法。当两个不同用户之间的相似度比较高，则可以推测两者的兴趣偏好接近。

其基本步骤包括：根据所有用户的历史行为数据构造用户—物品的评分矩阵。通过相似度计算，根据相似度的排序发现与目标用户最相似的近邻用户，然后通过最相似的 K 个近邻的评分数据或者历史偏好数据，计算得到目标用户的推荐列表。但需要注意的是基于用户的协同过滤（User-based CF）推荐算法比较适用于用户较少的情况，如果用户数量较大，则相似度矩阵的计算代价比较大。

基于物品的协同过滤（Item-based CF）算法与基于用户的协同过滤（User-based CF）推荐算法的思想和基本步骤基本相似，但两者之间也是有区别的。基于物品的协同过滤（Item-based CF）推荐算法不需要了解其他用户，只需了解自己即可，通过计算不同物品之间的相似度值来分析和判断不同的物品之间的相似度情况，进而根据用户以往所关注的内容或者喜欢的物品来向其推荐相类似的物品或者内容。

基于协同过滤的推荐算法的一般过程分为以下四步进行：

（1）数据的输入。这部分应该说是非常简单的，输入一般为用户—项目的评分矩阵 $\boldsymbol{R}(m, n)$，其中 m 代表行，表示有 m 个用户，而 n 则是表示项目的数量。矩阵中的元素 $r(i, j)$ 所对应的值表示用户 i 对某一具体的项目 j 的评分值。该值一般可以通过用户的评分获得，当然也可以通过分析该用户的某些行为，如是否点赞、是否收藏、是否转发以及停留时间长短等隐式方式获取，一般用数字来表示（我们往往用 0 ～ 5 的整数来表示用户对该项目的喜好程度）。

（2）在得到用户—项目的评分矩阵之后，就要利用基于协同过滤的推荐算法找出待推荐用户的最近邻，它既可以是目标用户的最近邻，也可以是当前目标项目的最近邻。不同的协同过滤算法得出最近邻的方式也会有所不同，实际上，基于协同过滤的推荐算法的核心就是最近邻用户或项目的选择。

（3）通过基于协同过滤的推荐算法在找到最近邻之后，会利用最近邻的评分数据去计算待推荐用户对某一指定项目的评分值，当然，不同的协同过滤算法的内部计算方式也会不同。

（4）通过协同过滤算法计算结果的最终输出。很显然最后的输出根据采用的算法目的不同而有所差别，有的算法要求对待推荐用户在某些指定项目的偏好情况进行推荐预测，那输出的结果就是待推荐用户对指定项目的偏好情况的数值。如果目的是要给待推荐用户推荐他可能感兴趣的一些项目，那最终输出的就会是由 Top–N 项目组成的推荐列表。

和基于内容的推荐相比，基于协同过滤的推荐可以根据各用户的历史信息推荐项目，跟项目本身的内容属性和特征没有任何关系。虽然基于协同过滤的推荐取得了一定成功，但是仍然存在如下问题：

（1）冷启动问题。基于协同过滤的推荐算法依赖用户的历史行为来为用户作推荐，如果用户的行为数据少，如在产品刚上线或者新用户刚加入时，就很难发挥基于协同过滤的推荐算法的优势和价值。

（2）数据稀疏性问题。由于在许多应用系统中，用户的数量庞大，而且标的物数量也非常多，但是用户大多只对很少量的项目有操作行为，这就会导致用户的评分矩阵非常稀疏。过于稀疏的评分矩阵计算出的不同标的物之间的相似度往往不够精确，从而影响最终的推荐精准度。

（3）时效性和扩展性问题。很多标的物是有时效性的，如今日头条中的新闻，而且标的物的数量是快速增长的。对于有时效性的标的物，在具体推荐时需要考虑到时效性，如在相似度计算时，只计算在时效范围内的标的物。另外对标的物快速增长的情况，可以采用近实时的协同过滤，以解决新增标的物无法被推荐的问题。

2.2.4 基于聚类的推荐算法

基于协同过滤的推荐算法经过多年发展，无论在相似度改进还是矩阵分解等层面都取得了较为丰硕的成果。但是随着推荐系统内数据量的增加，数据的“稀疏性”和“高维性”以及算法的“可伸缩性”和“实时性”等问题亟待解决。聚类技术凭借其自身的特性，得到了众多学者的关注。

聚类分析又叫群分析，这一分析方法就是对群及子成员分类的过程，通过这种方法能够从庞大的数据库中发现对象类。对象类是根据“物以类聚”进行划分的，也就是基于数据对象或者是个体的相似性进行考察，考察通过的能够满足相似条件的对象将被分为一类，而不能满足的对象则会被划分为另一类。同一类对象在相似度上是比较高的，而不同类的当然相似度就比较低。之所以进行聚类分析，也正是出于这个目的。

在应用电子商务个性化服务过程中，聚类分析的作用是不容忽视的。通过这一分析方法，网站分析人员就能从庞大的信息库中对用户群进行划分，然后用购买模式对这些群组的特征加以描述。如果有新的用户出现，也会根据其所具备的相近的特征对其分组，还会根据组群对相关属性的评分，掌握用户的属性评分。

层次方法、划分法、基于密度法、基于模型法等是我们经常会用到的聚类方法。K-Means 算法、CURE 算法及 CLIQUE 算法是最常用的算法。

从图 2-5 可以看出，基于聚类的推荐算法通常将用户—评分矩阵、项目内容或用户画像等原始数据作为算法的输入。若数据过于稀疏或维度过高则采用矩阵分解、潜因素模型、主成分分析等技术对数据进行预处理。预处理后再根据聚类目标的不同选择合适的算法完成聚类过程，生成用户/项目簇集。然后在生成的簇集内进行计算目标用户/项目的近邻集，最终通过近邻的历史交互记录生成推荐列表。

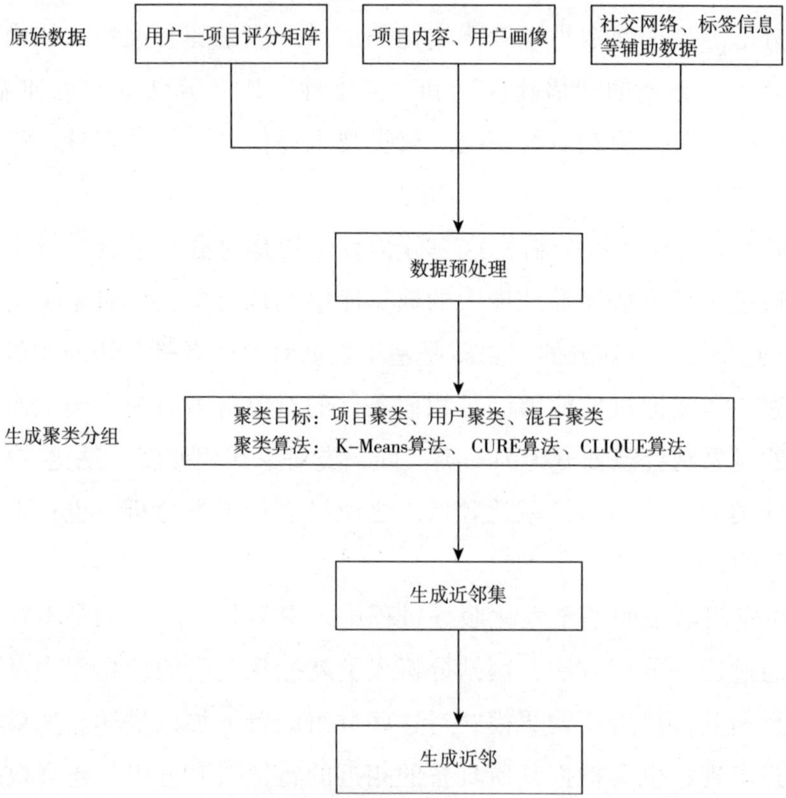

图 2-5　基于聚类的推荐框架

2.2.5　基于知识图谱的推荐算法

以前经常使用的推荐系统都存在诸多问题，如数据过于稀疏，另外向新用户发起推荐服务时会出现冷启动的问题，这使得最终得出的推荐结果不够精确，推荐效果也并不是很理想。所以，为了解决这些问题，推荐系统往往会借助辅助信息，知识图谱就是重要的辅助信息之一。

推荐算法的主要目标是在对用户的兴趣、行为、需求等信息进行了分析以后，将用户所需的信息从数据库中筛选出来，而知识图谱旨在建模、识别、发现和推断事物、概念之间的复杂关系，知识图谱对于实体间的关系，会通过结构化数据的形式呈现出来，在知识图谱中我们可以发现很多实体语义关系以及多种连接的类型，这有助于对用户兴趣的多角度挖掘，从而防止出现推荐结果单一化的情况。所以，对于数据稀疏以及冷启动问题，知识图谱可以发挥非常重要的作用，同时还能使推荐系统更具可解释性。

基于知识图谱的推荐算法就是将两者有机进行结合，因而蕴含了推荐系统中对于物品的大量背景信息，以及物品之间的关系。基于知识图谱的推荐算法可以与用户行为数据构成的用户—物品网络集成起来，使隐藏在用户和物品间的关系得到扩展，并使二者间的数据得到补充，推荐效果也会随之得到增强。

对于知识图谱来说，其推荐方法通常有两个重要阶段：

（1）对知识图谱的构建。

（2）通过知识图谱产生最终的推荐结果。

具体来说，首先要收集和整理好用户信息、物品信息还有二者交互信息等多种数据，做好知识抽取、知识融合以及知识存储，通过用户和物品的关系网络，深入分析向用户推荐物品的原因。对收集到的用户信息、物品信息、用户和物品的交互历史信息进行处理，以知识图谱的形式将数据表示出来，然后以知识图谱为中心设计相应的推荐算法，最终得到一套完整的基于知识图谱的推荐算法，并以此为基本框架设计推荐系统，其基本流程如图 2–6 所示。

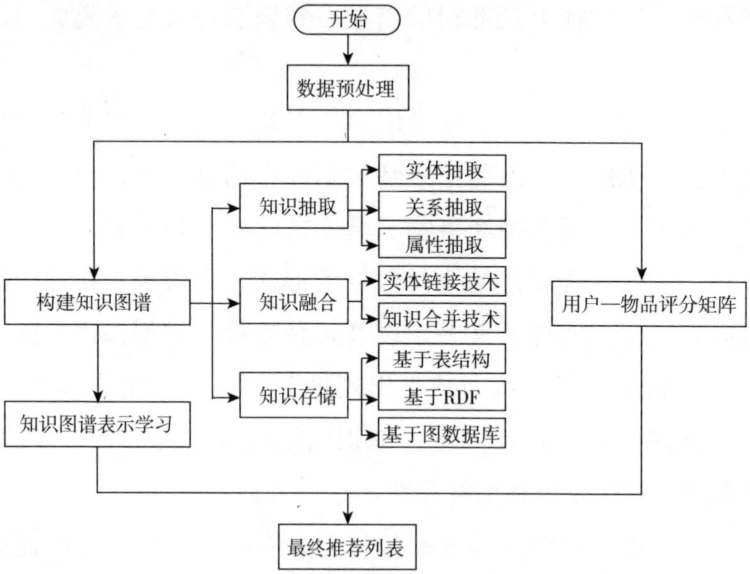

图 2-6　基于知识图谱推荐的基本步骤

2.2.6　基于混合推荐的方法

基于混合推荐的方法可以结合多种不同的推荐技术，将不同的推荐技术优点融合在一起。例如，可以在基于内容及协同过滤的推荐技术的结合下构建混合式系统，以协同过滤为基础的技术有助于发现用户的潜在喜好，以内容为基础的推荐技术对数据稀疏及冷启动问题有着重要作用。而构建出的混合推荐技术则是将两种技术的优势集合在了一起，所以，在实际应用中，这一混合技术的应用更为广泛。

混合推荐技术分为推荐算法和推荐结果两种。前者将不同的算法进行融合从而得出最佳的推荐结果；后者则是通过多种推荐方式来获取多种结果，再根据相应不同的参数将这些结果进行合并，以获得最佳的推荐结果。

2.3　典型的个性化图书推荐系统

2.3.1　国外现状

在图书推荐领域，亚马逊在图书服务方面做得非常好，包括强大的图书检索功能和个性化推荐功能，为用户提供了便捷和完善的信息服务。经过了十多年的建设，亚马逊建立了强大的图书个性化推荐系统，亚马逊基于平台拥有的大量用户的历史购买、历史浏览记录等数据，采用基于内容的推荐、协同过滤推荐等方法，建立起了一个高效、智能的个性化推荐系统。亚马逊提供了“一点通”的服务，网站会记录用户访问的 IP 地址、购书记录、用户的性别、职业、年龄和兴趣爱好等信息，分析用户的阅读兴趣与购书范围。网站会定期通过电子邮件推荐用户感兴趣的图书信息。用户登录平台后可以快捷地找到其可能需要的图书，避免受到其他信息的干扰。Twin Finder 则是日本一个比较有影响力的图书个性化推荐系统，该系统使用了两种技术来改进传统的基于内容过滤和协同过滤的推荐方法，即使用户数量较少，它也可以产生很好的推荐结果。

美国北卡罗来纳州立大学最先研发的 My Library 功能是数字图书馆个性化推荐系统的雏形，其后美国的康奈尔大学、华盛顿大学、加州伯克利大学等高校相继创建了 My Library。除此之外，美国俄勒冈州立大学的 SERF 推荐系统、加州大学的 Melvyl 推荐系统、亚利桑那大学的基于图表的图书推荐系统等都取得了较好的应用效果，为用户提供了很好的个性化图书推荐服务。

这些大学的数字图书馆个性化推荐系统具有以下几方面的特点：

（1）能够针对每个用户的不同需求推荐个性化资源。

（2）采用了多种推荐方法，包括基于关联规则的推荐、基于内容的推荐、基于协同过滤的推荐、基于混合推荐等，个性化推荐效果较好，用户的满意度较高。

（3）推荐系统非常注重用户的评价与反馈，能够及时地完善系统，优化推荐结果。

国外的这些经验对我们进行图书馆的个性化推荐系统建设具有非常重要的参考价值和借鉴意义。

2.3.2 国内现状

在 2006 年，当当网就已经具备了针对用户需求和喜好进行商品个性化推荐的功能。系统可以对用户的浏览记录和购买记录等信息进行捕捉和分析，然后根据这些信息猜测用户的喜好，对其进行可能喜爱商品的内容推荐，系统不但基于年龄、性别、身份职业等因素对目标用户进行市场细分，分析目标群体各自的不同特征，同时还会将多种因素给集合起来，从而对目标用户进行立体化、动态化的市场细分，这对图书的个性化推荐具有非常重要的作用。

另外，国内的大学也开始重视图书馆个性化推荐系统的建设和应用，虽然起步比西方晚，但经过相关研究人员多年的不懈努力，还是取得了一定的进展。2000 年，深圳市数字图书馆推出了个性化的网络推荐系统模块，该模块可以使用户登录"我的图书馆"时很便捷地获取系统所推荐的书目。中国科学院文献情报中心则是参考了美国北卡罗来纳州立大学数字图书馆的 My Library，基于 GUN 协议下使用开源代码搭建出了个性化信息定制平台，具有多样化的定制推荐功能和各类学术板块，用户可以从自己的需求出发制定私人的信息系统。中国人民大学数字图书馆的个性化信息服务也提供了较好的定制化功能，该板块可以根据用户在注册账号时填报的信息向其推荐个性化的图书和文献资源。

从整体来看，我国目前推出的图书馆个性化推荐系统已经能为用户提供优质的推送服务，但与国际上先进的个性化图书推荐系统相比还是有较大差距，还需要我们进一步加大研究，更加重视图书馆的个性化推荐系统的建设。

2.4　小结

本章介绍了个性化推荐技术的发展历程，个性化推荐系统的架构及推荐系统的评测指标。分析了包括关联规则挖掘、基于内容推荐、基于聚类的推荐、基于协同过滤的推荐以及基于知识图谱的推荐等主流推荐算法。另外还介绍了个性化图书推荐的国内外研究及应用状况。

第 3 章　基于关联规则的个性化图书推荐

3.1　关联规则概述

基于关联规则的推荐简单来说就是在找到事物间隐藏的关联性之后建立对应的模型，然后进行推荐。与关联规则相关的最有名的故事就是《啤酒与尿布购物篮》。

超市的工作人员就顾客选购商品的规律进行了调查和分析，发现男士在逛超市的时候，如果购买了尿布就会顺便再买点啤酒。发现这一规律之后，超市在商品摆放的时候便将这两种商品挨着摆放，最终的结果果然没有让人失望，尿布与啤酒的销量都得到了提升。

正是因为发现了这两种商品之间存在某种关联性，于是利用了这一关联性，有效地促进了商品的销售，这对零售业而言是非常有利的，通过从消费者交易记录中挖掘商品间的关联关系，进而通过商品捆绑销售或者相关营销方式提升销售额。在别的行业中也可以利用关联规则，达到发现潜在用户、提高销量等目的。

3.1.1　关联规则的相关定义

事务：$\boldsymbol{I}=\{i_1,\ i_2,\ \ldots,\ i_n\}$ 表示由 n 个不同属性（项目）组成的集合，其中我们称 i_k（$k=1,2,\cdots,n$）为项目（item）。$\boldsymbol{D}$ 则是针对 $\boldsymbol{I}$ 的事务数据库，$\boldsymbol{D}=\{T_1,T_2,T_3,\cdots,T_m\}$，其中每个事务 $\boldsymbol{T}$ 分别是由集合 $\boldsymbol{I}$ 中一组属性组成的集合，即 $(\boldsymbol{T}\subseteq\boldsymbol{I})$，并用唯一的顾客标识符 TID 作为每个事务的

标识。

项集 $\boldsymbol{X}$ 的支持度：指的就是在 $\boldsymbol{D}$ 中，项集 $\boldsymbol{X}$ 出现的概率，并对 $\boldsymbol{X}$ 的重要性进行了叙述。假如项集 $\boldsymbol{X} \subseteq \boldsymbol{I}$ 且 $\boldsymbol{X} \subseteq \boldsymbol{T}$，意思就是事务 $\boldsymbol{T}$ 包含项集 $\boldsymbol{X}$，也可以说该事务支持项集 $\boldsymbol{X}$。在事务数据库 $\boldsymbol{D}$ 中，所有支持项集 $\boldsymbol{X}$ 的事务 $\boldsymbol{T}$ 的数量叫作项集 $\boldsymbol{X}$ 的支持数。将 $|\boldsymbol{D}|$ 设为记录的总数，那么就可以这样来表示项集 $\boldsymbol{X}$ 的支持度：

$$\text{support}(\boldsymbol{X})=\frac{\text{number}\ \ (\boldsymbol{X} \subseteq \boldsymbol{T})}{|\boldsymbol{D}|} \tag{3-1}$$

最小支持度：最小支持度是预先设置好（一般人为给定）的项集满足支持度的下限，通过对支持度与最小支持度进行比较，对数据进行剪枝，部分项集是能够满足最小支持度的，而只有这样的项集才有可能出现在关联规则中。

频繁项集：指的就是与最小支持度相等或者比最小支持度大的项集，假如 K 项集的支持度与最小支持度相等或者大于最小支持度，那么该 K 项集就是频繁项集，用 L_k 来表示。

置信度：置信度用以说明规则的可靠性程度，其代表的是项集 $\boldsymbol{X}$ 与项集 $\boldsymbol{Y}$ 同时出现的概率，$\boldsymbol{X}$ 与 $\boldsymbol{Y}$ 并不是相等的。具体公式如下：

$$\text{confidence}\left(\boldsymbol{X} \Rightarrow \boldsymbol{Y}\right)=\frac{\text{support}(\boldsymbol{X} \Rightarrow \boldsymbol{Y})}{\text{support}\left(\boldsymbol{X}\right)} \tag{3-2}$$

式中：$\text{confidence}(\boldsymbol{X} \Rightarrow \boldsymbol{Y})$——所求项集 $\boldsymbol{X}$ 包含项集 $\boldsymbol{Y}$ 的概率；

$\text{support}(\boldsymbol{X} \Rightarrow \boldsymbol{Y})$——数据集同时包含 $\boldsymbol{X}$ 和 $\boldsymbol{Y}$ 的概率；

$\text{support}\left(\boldsymbol{X}\right)$——数据集包含 $\boldsymbol{X}$ 的概率。

关联规则的挖掘问题指的是在给定的事务数据库 $\boldsymbol{D}$ 中，将满足最小支持度 $\text{support}_{\text{min}}$ 的频繁项集找出来，再基于预先设定的最小置信度 $\text{confidence}_{\text{min}}$ 条件形成最终的关联规则。

3.1.2　关联规则算法介绍

R.Agrawal 等人于 1994 年研究出了 Apriori 算法，通过该算法，可以将频繁项集从数据库中找出来。目前大多数关联规则挖掘算法的核心都是这一算法，抑或是在这一算法的基础上演变或发展而来的。不过，这一算法仍然存在一定的问题，因为 Apriori 算法需要对数据库进行多次扫描，这就很可能导致 I/O 读取开销过大等诸多弊端，为了提高 Apriori 算法的效率，众多学者提出了减少扫描次数和降低数据库 I/O 读取频率等多种改进算法。目前基于 Apriori 算法的改进方法包括基于数据分隔（Partition）的方法、基于散列（Hash）的方法、基于采样（Sampling）的方法等。

Apriori 算法是一种建立在频繁项集理论上的递推方法，也被称为先导算法。通过多次扫描数据库来寻找其中的频繁项集，如果事务量过大，就会找到大量的频繁项集与候选项集，导致 I/O 读取开销过大。

如图 3–1 所示，基于数据分隔（Partition）的方法首先是把数据库 ***D*** 进行划分，划分出多个部分以后分别对每一部分进行数据库扫描，然后得出各部分的频繁项集，再将这些项集集合在一起，便得到了事务数据库 ***D*** 的候选项集，接下来再通过对事务数据库 ***D*** 的扫描，最后得出事务数据库 ***D*** 的频繁项集。该算法总共对数据库进行两次扫描，因此在 I/O 方面效率有了很大的提升，但与此同时在频繁项集方面会产生许多冗余。

基于散列（Hash）的方法就是把每对项目放到指定的 Hash 桶中，然后分别对这些项目中的子集发起测试，使候选集所造成的代价降到最低。

Hash 桶中支持度小于最小支持度的 K– 项集不可能是全局频繁的，该方法的难点在于如何有效地选取 Hash 函数。

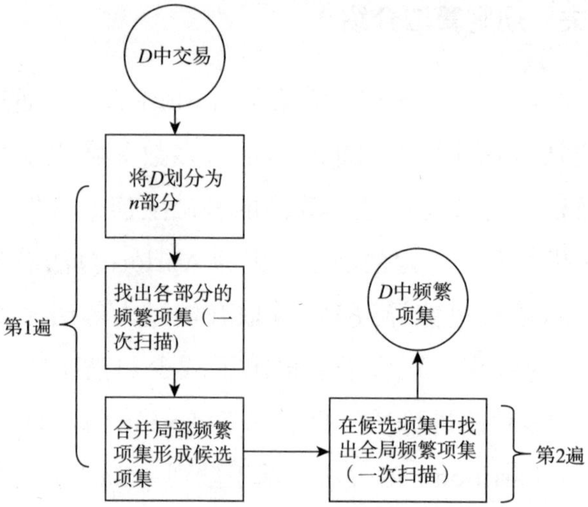

图 3-1　Partition 算法流程图

基于采样（Sampling）的方法就是通过采样技术，利用数据库中的部分抽样数据找出一些可能成立的规则，然后用数据库中剩余的样本数据来进一步验证之前找出的规则成立与否。基于这种技术得到的关联规则不一定做到完全准确，因为抽样数据的选取结果会存在偏差问题而造成误差。

此外，还有不产生频繁项集的算法，这种算法在关联规则挖掘过程中不会形成候选集，如 FP-growth 算法。

FP-growth 算法能够在挖掘出频繁项集时不产生候选集，优点在于采用了高级的数据结构，通过构造 FP-tree 结构来压缩数据记录。这种方法只需要对数据库进行两次扫描，主要有两个步骤：构建 FP-tree，然后从 FP-tree 中挖掘频繁项集。相比 Aprior 算法对每个潜在的频繁项集进行扫描数据库来判定给定项集是否频繁，FP-growth 算法速度要更快，在 FP-tree 足够小或者 FP-tree 中路径重叠较多的情况下，FP-growth 算法的执行速度要比 Apriori 快几个数量级。

FP-growth 算法流程图如图 3-2 所示。

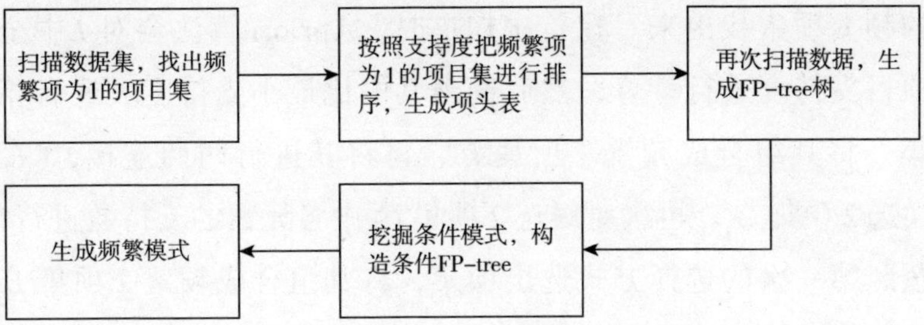

图 3-2　FP-growth 算法流程

3.2　Apriori 算法分析

3.2.1　频繁项集的发现

对关联规则的挖掘问题，Apriori 算法是比较常用的方法之一，对项集支持度进行计算时，将计算的结果和设定的最小支持度对比，假如比最小支持度大，那么就可以将其判断为频繁项集，再将求得的所有频繁项集合并在一起，形成最终的频繁项集。

Apriori 算法实际上是一种宽度优先算法，假如项目数量是 m，那么频繁项集的数量就可能是 2^m。由此可见，对于关联规则挖掘算法而言，其核心就是找到全部的频繁项集，对于整个算法来说，寻找全部频繁项集也是计算量最大的环节。

Apriori 算法需要重复多次地扫描事务数据库 $\boldsymbol{D}$，通过多次扫描将全部的频繁项集找出来。在首次扫描时，Apriori 算法会对 I 中全部的单个项目支持度进行计算，然后选出其中比最小支持度大或者相等的项目集，将其组合成频繁 1 项集 L_1，再将其进行两两连接，（$L_1 \times L_1$）生成候选 2 项集 C_2。再次对候选 2 项集 C_2 中各元素的支持数进行计算，然后按照第一次的选择方式选出项集，将其组合成频繁 2 项集 L_2。在以后进行第 k（k>1）次扫描的时候，都要基于上一次扫描发现的频繁 k–1 项集 L_{k-1} 形成本次扫描需要验证的候选 k 项集 C_k，很显然后续 k 项集 C_k 是频繁 k 项集的超集。接下来再次对事务数据库 $\boldsymbol{D}$ 进行扫描，统计出候选 k 项集 C_k 中每个元素的支持数，最后明确真正成为频繁 k 项集 L_k 的是哪些项集，然后重复前面的步骤，直到将所有的频繁项集都找到。

Apriori 算法在候选项集生成过程中利用了剪枝原理，即频繁项集的所有子集都属于频繁项集，而弱项集中的所有超集都是弱项集，通过这一原理，就可以做到对候选项集的有效剪枝，从而能够缩小候选项集的规模，也提升了发现频繁项集的效率。为了叙述起来简单易懂，下面选用定义符号来表示，如表 3–1 所示。

表 3–1　Apriori 算法相关符号及含义

符号	域名	含义
$L_k \in L$	L	组成大 K 项集 L_k 的项目集合
	Count	大项集 l_k 的支持数
$c_k \in C_K$	L	组成候选 k 项集 c_k 的项目集合
	Count	候选 k 项集 c_k 的支持数

Apriori 算法的基本框架如下：

输入：事务数据库 D、最小支持度 S_{min}

输出：事务数据库 D 中所有的频繁项集 L

```
L1={ 大 1 项集 };
for(k=2;Lk-1 ≠ Φ;k++)do begin
Ck=apriori_gen（Lk-1）;// 利用 Lk-1 生成新的候选项集 Ck
for all transaction t ∈ D do begin
Ct=subset(Ck,t) ; // 利用 subset 函数搜索事务 t 中包含的候选项集
for all candidates c ∈ Ct do
c.count++;
end
Lk={c ∈ Ck|c.count ≥ Smin}
end
输出结果 =Uk Lk
```

apriori_gen 函数的输入参数是频繁 k–1 项集 L_{k-1}，返回的结果为所有的频繁 k 项集 L_k 的超集（Superset）。通过按照一定方式进行两两拼接（join），如果 p，$q \in L_{k-1}$ 的前 k–2 个项目完全一致，则可以把 p，q 的并集 $p \cup q$ 加入 C_k 之中，得到的就是频繁 k 项集 L_k 的一个超集 C_k。然后可以利用剪枝原则，即频繁项集的任意子集也一定是频繁项集对 C_k 进行剪枝，最后我们可以得到候选 k 项集 C_k。

例如，L_3 为 {{1 2 3}，{1 2 4}，{1 3 4}，{1 3 5}，{2 3 4}}。在按照一定规则进行两两拼接之后，得到 C_4 为 $\{\{1\,2\,3\,4\,5\},\{1\,3\,4\,5\}\}$。根据剪枝原则需要在 C_4 中删除项集 $\{1\,2\,3\,4\,5\}$，这是因为项集 $\{1\,3\,4\,5\}$ 的子集 {1 4 5} 并没有在 L_3 中。通过剪枝后，我们最后得到的候选 4 项集 C_4 中只有 {1 2 3 4} 一个项集。

剪枝（prune）步骤的任务就是需要验证新产生的候选 k 项集的所有长度为 k–1 的子集是否都在频繁 k–1 项集 L_{k-1} 中。为了加速判断，我们可以通过 Hash 表来保存频繁项集。

```
function apriori_gen(Lk-1 ： 频繁 k–1 项集 )
insert into Ck
```

select p[1], p[2], …, p[k−1], q[k−1]

from L_{k-1} p, L_{k-1} q

where p[1] = q[l], …, p[k−2] = q[k−2], p[k−1] < q[k−1]

for all itemsets c ∈ C_k do

for all (k−1) subsets s of c do

if (s ∉ L_{k-1}) then

delete c from C_k

return C_k

我们将候选项集 C_k 保存在 Hash 树中。Hash 树的一个节点之中包含组成该项集的元素的链表，也就是叶节点，当然也可以是包含一个 Hash 表，我们称为内节点。其中在内节点中，每个 bucket 都指向另一个节点。如果将 Hash 树根的深度用 1 表示，那么如果深度是 d，其内节点就指向深度 d+1 的节点，项集在叶子中储存。要加载一个项集 c 时，从根节点开始向下直到一个叶子节点。在深度为 d 的一个内节点上，要决定选取哪个分枝，可以对此项集的第 d 个项目使用一个 Hash 函数，然后跟随相应 bucket 中的指针来决定选取哪个分枝。所有的节点最初都创建成叶节点。当一个叶节点中项集数量超过某个指定的阀值时，此叶节点就转为一个内节点。

以根节点为起始点，利用 subset 函数在某个事务 t 中寻找全部候选大项集。具体的操作步骤为：如果位于一个叶子，就在这一叶子中寻找包含在 t 中的项集有哪些，同时对其附加引用指向答案集合；如果位于一个内节点，并且是通过 Hash 项目 i 而到达该节点，就要对 t 中第 i 个项目后所有的项目进行 Hash，并对相应 bucket 中的节点递归地应用这个过程；如果位于根节点，就对 t 中的每个项目进行 Hash。

subset 函数为什么返回的就是我们所有想要的集合？可以考虑在根节点所发生的情况。对于事务 t 中包含的任何项集 c，c 的第一个项目必须在 t 中。在根节点，对 t 中的每个项目进行 Hash，仅忽略了那些

第一个项目不在 t 中的项集。类似的讨论适用于较低的深度。唯一的附加因素是因为任何项集中的项目是有序的，如果对项目 i 进行 Hash 从而达到当前节点，那么就只需要考虑 t 中排在 i 之后的项目。

下面笔者将利用一个实例来对 Apriori 算法的整体运行流程进行分析。下面给定一个样本数据集，数据集共有 5 条事务记录，如表 3-2 所示。设最小支持度为 20%，最小置信度为 20%。

表 3-2　样本数据集

交易号	项集
1	1 3 4
2	2 3 5
3	1 2 3 5
4	2 5
5	1 3

Apriori 算法的计算流程为：

首先扫描事务数据库 D 中的每一个集合，每一个集合中不重复的项都将作为一个元素放入候选 1 项集 C_1 中，接下来统计候选 1 项集 C_1 中的每一项的支持度。通过计算我们可以得到候选 1 项集 $C_1=\{1,2,3,4,5\}$ 及其支持度，通过将候选 1 项集 C_1 中的每一项的支持度与预先设定的最小支持度作比较，就可以找出频繁 1 项集 $L_1=\{1,2,3,5\}$，具体内容如图 3-3 所示。

交易号	项集
100	1 3 4
200	2 3 5
300	1 2 3 5
400	2 5
500	1 3

扫描*DB* ⇒

项集	支持度
{1}	60%
{2}	60%
{3}	80%
{4}	20%
{5}	60%

⇒

项集	支持度
{1}	60%
{2}	60%
{3}	80%
{5}	60%

图 3-3　发现频繁项集 L_1

然后根据 Apriori 算法的候选项集生成函数 apriori_gen，将频繁 1 项集 L_1 两两链接生成候选 2 项集 C_2，然后通过扫描事务数据库 D 统计候选 2 项集 C_2 中每一项的支持度，具体内容如图 3-4 所示。

项集
{1 2}
{1 3}
{1 5}
{2 3}
{2 5}
{3 5}

扫描*D* ⇒

项集	支持度
{1 2}	20%
{1 3}	60%
{1 5}	20%
{2 3}	40%
{2 5}	60%
{3 5}	40%

⇒

项集	支持度
{1 3}	60%
{2 3}	40%
{2 5}	40%
{3 5}	40%

图 3-4　发现频繁 2 项集 L_2

求得 C_2={{1,2}，{1,3}，{1,5}，{2,3}，{3,5}}，从候选 2 项集 C_2 中找出支持度大于预先设定的最小支持度的所有项集，从而得到了新的频繁 2 项集 L_2，显然，频繁 2 项集 L_2={{1,3}，{2,3}，{2,5}，{3,5}}。

继续前面的步骤，将频繁 2 项集 L_2 中的项通过两两拼接的方式继续生成新的候选 3 项集 C_3，然后扫描事务数据库 D 统计候选 3 项集 C_3 中项的支持度，具体内容如图 3-5 所示。

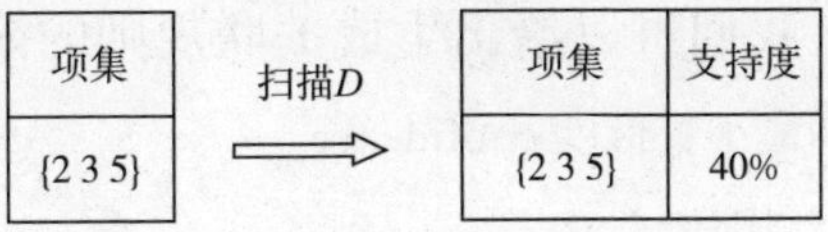

图 3–5 发现频繁 3 项集

得到的候选 3 项集 C_3={{2,3,5}} 的支持度大于最小支持度的项，因而 {{2,3,5}} 就是频繁 3 项集 L_3 中的一项，由于在频繁项集 L_3 只有一项，不可能进行下一次两两拼接，这个时候算法就不再循环，运算结束。通过上述多次扫描循环找出所有的频繁项集，最后可以得到所有的频繁项集 L={{1},{2},{3},{5},{1,3},{2,3},{2,5},{3,5},{2,3,5}}。

如前面提到的，假如共有 m 个项目，那么频繁项集则可能有 2^m 个。此外，在事务数据库中可能有大量的事务，因此要想实现对全部项集支持度的计算是非常困难，甚至可以说基本是无法做到的。和关联规则发现的相关研究主要集中在两个方面：一是能对项集剪枝，使候选项集最大程度地实现最小化；二是通过对事务数据库 D 扫描次数的控制，使算法的效率得到有效提升。

3.2.2 关联规则的生成

从前一阶段得到的频繁项集中生成的关联规则十分直观、简单。R.Agrawal 等人提出了很好的解决方法。

对于任意大 k 项集 $L_k \in L$，设 $A \subset L_k$，$A \neq \Phi$，如果 $A \Rightarrow (L_k-A)$ 是一条关联规则，则其必满足：confidence$[A \Rightarrow (L_k-A)]$=support(L_k) / support$(A) \geqslant$ confidence $_{\min}$。如果存在 A 的非空子集$\tilde{A}$，则有 support$(\tilde{A}) \geqslant$ support(A)，因此 confidence$[\tilde{A} \Rightarrow (L_k-\tilde{A})]$= support$(L_k)$ /support$(\tilde{A}) \leqslant$ confidence$[A \Rightarrow (L_k-A)]$。例如给定频繁项集 $\{A,B,C,D\}$，如果 $ABC \Rightarrow D$ 不满足最小置信度 confidence $_{\min}$，则根据前面的引理，我们根本无须关心 $AB \Rightarrow CD$ 是否满足最小置信度。

基于这一原理，我们可以给出生成关联规则的简单算法：

输入：大项集 L 和最小置信度 $confidence_{min}$

输出：所有的关联规则集合 R

for 所有大 k- 项集 l_k ，$k \geqslant 2$ do begin

R={ 由 l_k 生成的后件只有一个项目的关联规则 }；

H_1={R 中的规则的后件 }；

call ap_genrules(l_k，H_1，R);

end

procedure ap_genrules(l_k: 大 k- 项集，H_m：m- 个项目的集合，R：规则集)

if (k ＞ m+l)then begin

H_{m+1}=apriori_gen（H_m）；

for all $h_{m+1} \in H_{m+1}$ do begin

conf=support(l_k)/support(l_k-h_{m+l})；

if (conf ⩾ $confidence_{min}$） then

R =R ∪ {(l_k-h_{m+l}) ⇒ h_{m+1}(support（l_k），conf) }

else

delete h_{m+1} from H_{m+1};

end

call ap_genrules (l_k , H_{m+1});

end

如果有：$confidence[(L_k-A) \Rightarrow A]=support(L_k)/support(L_k-A) \geqslant confidence_{min}$，则必有：$confidence[(l_k-\tilde{A}) \Rightarrow \tilde{A}]=support(L_k)/support(L_k-\tilde{A}) \geqslant Confidence_{min}$，即如果 $(L_k-A) \Rightarrow A$ 是一条关联规则，则 $(L_k-\tilde{A}) \Rightarrow \tilde{A}$ 也必定是一条关联规则。对应前面的例子，如果 $AB \Rightarrow CD$ 是一条关联规则，也就是说其可以达到预设的最小置信度 $confidence_{min}$，那么，$ABC \Rightarrow D$ 及 $ABD \Rightarrow C$ 也同样要满足这个最小置信度 $confidence_{min}$。该特性和 Apriori 算法的频繁项集剪枝原则非常相似。

因此，我们可通过该原理使关联规则生成的效率得到有效提高。对任何一个频繁项集 $1 \in L$，它首先用 I 生成后件具有一个项目的关联规则，同时将后件储存在集合 H_1 里，再通过 apriori_gen 函数，得出具有两个项目的后件集合，用 H_2 来表示，H_2 中的任意元素 h，如果 $\text{confidence}[(l-h) \Rightarrow h] \geqslant \text{confidence}_{\min}$ 成立，则输出关联规则 $(l-h) \Rightarrow h$，否则从 H_2 删除此元素，继续利用 apriori_gen 函数生成 H_3，即：H_3=apriori_ gen(H_2)，以此类推，具体内容如图 3-6 所示。

项集	支持度
{1 3}	60%
{2 3}	40%
{2 5}	40%
{3 5}	40%
{2 3 5}	40%

⇒

项集	支持度	置信度
1=>3	60%	100%
2=>5	40%	100%
2 3=>5	40%	100%
3 5=>2	40%	100%

图 3-6　关联规则生成实例

3.2.3　Apriori 算法的问题

Apriori 算法是非常具有典型性的关联规则发现算法，该算法通过分层迭代法和最小支持度的对比找到了频繁项集。Apriori 在生成候选项集和修剪非频繁项集时，都取得了很好的效果。但是由于在生成候选项集时通过两两拼接的方式最后会得到一个很大的候选项目集合，当条目数量太多时，候选项目集合的条目数量会呈现出成倍增加的趋势，而当交易数据量太大时，Apriori 算法会导致大量的运算工作量，从而导致运算速度下降，同时也导致了实时性能下降。

另外，硬盘输入输出的代价很高。该方法对交易数据库中的数据进行了多次的扫描，在大量的项目集中和数据量庞大的情况下，对数据库的重复扫描会大大增加内存 I/O 的消耗，并且耗费大量的时间和大量的支撑计算。

3.3 基于关联规则的图书推荐

3.3.1 Apriori 算法的改进

在图书馆的系统中，与读者借阅相关的信息都是保存在数据库中的，包括读者的基本信息、图书的信息和读者借阅信息等。经过长时间的运行之后，数据库中保存了大量的数据，而 Apriori 算法由于需要对数据集进行多次扫描，所以随着数据规模的扩大其资源消耗增长明显，这也会影响到最终的推荐效果，因此，如何根据读者的借阅历史行为数据，通过减少数据量来提升推荐算法的性能是非常值得研究的。我们可以发现，很少借阅图书的读者其选择借阅的图书或者被借阅次数非常少的图书，在数据规模不断增长的情况下，这些数据对最终的推荐结果影响会越来越小，甚至成为最后的噪声数据，从而增加了扫描数据库的数据集时的资源消耗。另外，随着数据集的扩大，在计算候选项集的支持度的时候，分母的值也在增长，这就导致只有将最小的支持度设置得非常低才可能发现强关联规则，而随着最小支持度阈值的降低，会导致频繁项集增多，从而产生候选项集也大量扩展。由于每次计算候选项集的支持度都需要扫描数据库，需要很长时间才能得到结果，这就明显降低了图书推荐的用户体验。因此，在改进过程中，要在资源消耗、推荐响应时间与关联规则生成的完备性之间寻求一种平衡，其出发点就是在初始阶段，要对最终推荐结果影响不大的数据进行剔除，从而减少资源的开销以提高推荐的效率。

基于 Apriori 算法存在的问题，我们可以从两个方面进行优化，一是遍历事务数据库后得到所有 1 项集的支持度，对用户不关注或不感兴趣进行过滤，另外还需要剔除最小支持度小于用户设定的过滤阈值的所有 1 项集；二是在扫描事务数据库统计候选项集 C_k 的支持度时，我们要对每条事务记录设置对应的计数标记，如果某条事务记录不包含候选项集 C_k 的任一子集，则将其设置成无须扫描标记，在下一轮事务数据库扫描时直接跳过该条事务记录。因为如果某一条事务记录不包含 C_k 的任一子集，则其一定不会包含 C_{k+1} 的任一子集。

改进算法流程如下：

输入：事务数据库 D 和最小支持度 S_{min}、最小过滤阈值 F_{min}、

输出：事务数据库 D 中所有的频繁项集 L

```
C1={ 候选 1- 项集 };
for all transaction t ∈ D do begin
for all candidates c ∈ C1 do
c.count++;
end
if c.count ≤ Fmin do
delete c from D to Construct Dnew
end
for(k=2;Lk-1 ≠ Φ;k++)do begin
Ck=apriori_gen（Lk-1）;// 利用 Lk-1 生成新的候选项集
for all transaction t ∈ Dnew do begin
if (!t.ignore)
Ct=subset(Ck,t) ; // 利用 subset 函数搜索事务 t 中包含的候选项集
if (Ct= ∅ ) t.ignore = true
```

```
for all candidates c ∈ C_t do
c.count++;
end
L_k={c ∈ C_k|c.count ≥ S_min}
End
    end
输出结果 =U_k L_k
```

3.3.2 关联规则图书推荐模型

实现基于关联规则的个性化图书推荐的过程比较复杂，它主要由数据的初始化准备、频繁项集挖掘和关联规则生成及最终的结果呈现三个部分组成，推荐模型结构如图 3-7 所示。数据的初始化准备部分主要是要采集用户或读者的基本信息，如专业、性别、年龄等，当然最重要的是用户的图书借阅记录，如果涉及数字化资源，还需要收集用户浏览、下载的资料日志信息。这些原始数据采集之后都需要按照一定的规则转换后成为关联规则的数据源。而频繁项集挖掘及关联规则生成部分是自动推荐的核心模块，也是计算量最大、耗时最长的阶段，在实际运行中，往往都是通过设定一定时间周期（如半个学期或者一学期）对数据源进行挖掘，找出新的图书推荐规则。推荐结果的呈现部分则需要将产生的关联规则以可视化和形象化的方式生成推荐列表后发送给用户。推荐列表可以采用多种不同的方式，如每位读者登录后能通过类似“我的图书馆”的功能方便地看到图书推荐信息，也可以通过微信或者小程序推送的方式向用户推送图书推荐清单。

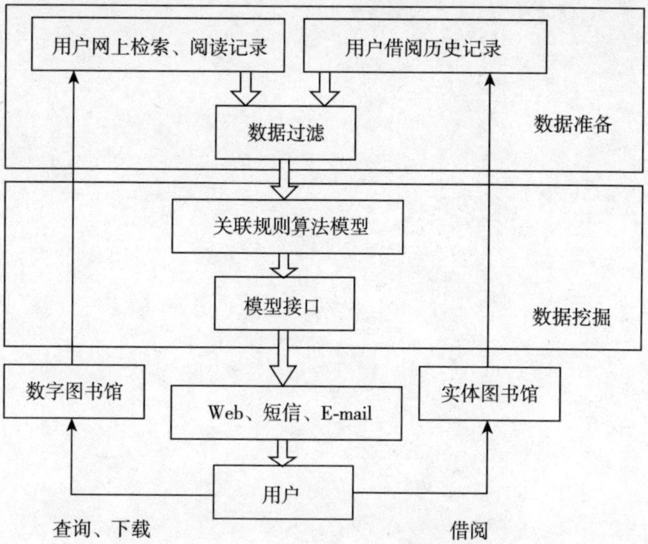

图 3-7　关联规则图书推荐模型

3.4　小结

本章介绍了与关联规则挖掘相关的概念、有关定义及分类情况，分析了经典的 Apriori 算法的基本流程与存在的问题，在此基础上，通过引入过滤阈值将低于阈值的记录剔除构建新的事务数据集。另外，在扫描数据集的事务时，对每一条事务记录设置对应标记以减少事务是否包含某一候选项集的计算工作量，从而达到提高算法效率的目的。此外，还简单介绍了基于关联规则的图书推荐模型。

第 4 章　基于聚类的个性化图书推荐

4.1　聚类算法概述

4.1.1　聚类算法的概念

聚类算法是人工智能中一种典型的算法，主要用于将相似的样本归到一个类别中。

在聚类的时候，我们实际上并不关心某一类具体是什么，我们的目的主要是把相似的东西聚集在一起。因此，在聚类分析的时候最重要的就是如何进行相似度计算。在机器学习（machine learning）中，聚类分析通常并不需要使用训练数据进行学习，因此被称为无监督学习（unsupervised learning）。

聚类算法会以某个特定标准作为依据，对一个数据集进行分割，形成多个不同的簇或类。

这种划分方式会使源自同一簇的数据之间的差异尽量小，而处于不同簇中的两组数据之间存在更大的差异。对分割后的数据进行聚类，同一类的数据倾向于尽量相聚，不同类的数据则倾向于尽量分离。如图 4-1 所示，利用聚类算法，数据可以被分到红、蓝、绿三个不同的簇。

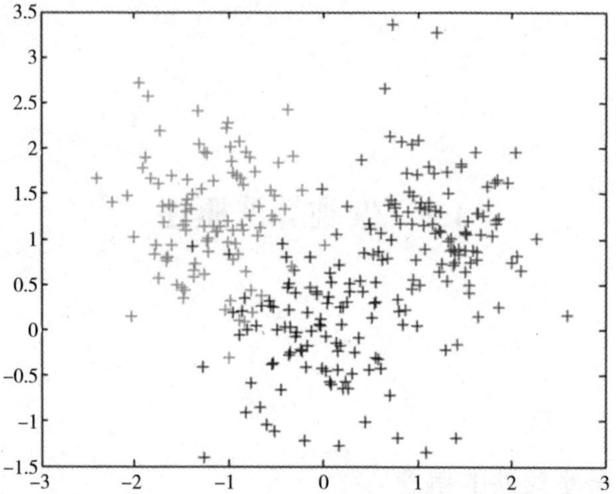

图 4–1　聚类后的分布图

4.1.2　聚类算法的分类

4.1.2.1　划分法

划分法预先给定包括m个数据对象的集合，以及事先确定的准备生成的簇的个数$k(k \leqslant m)$，基于不断地最小化某一目标函数为标准，反复迭代逐步降低目标函数误差值直至收敛，最终把各数据对象分别划分到k个不同分组之中。划分时主要考虑两方面因素：①每一个类簇中应该至少包含一个聚类对象；②每一个聚类对象必须属于某一个分组，也就是每个簇不能为空，而且每一个数据对象都必须且仅划分到一个分组之中。

划分法通常需要进行多次才能得到较为满意的分组结果。由此可知，高质量的划分结果就是通过不断迭代、不断对簇中数据对象进行调整得到的。判定划分结果是否优秀，可依据如下准则：处于同一类簇中的各数据对象应尽最大可能相似，而分别归属于不同类当中的各部分数据则应尽最大可能相异。常用的主要有 K-Means 算法和 K-Medoids 算法。

4.1.2.2　层次法

层次法也叫树聚类方法。层次法通过一种层次架构方式，对数据进行反复地聚合与分裂，形成一个聚类问题解，而这一问题解则是以层次序列的形式存在。简单地说，就是层次聚类一直以合并或分裂的方式处理聚类数据集，直至达成一定的终止条件，最终由样本组成聚类树这一结果。根据分解与聚类这两种不同的处理方式，层次法可划分为两大类：一是分解层次聚类，该聚类表现为自顶向下的特点；二是聚合层次聚类，该聚类表现为自底向上的特点。分解聚类的策略先将所有对象视为一个聚类，然后不断分解这个聚类，直到达成一定条件而终止；而聚合聚类的策略刚好和分解层次聚类相反，它先将每个数据对象都分别当作一个原子聚类，然后进行不断、逐层聚合这些原子聚类，直至达成某种条件而终止。层次法能够从不同粒度水平对数据进行探索，且易于度量聚类对象之间的距离或相似度，这是它的一个优点。目前，在各类层次法中，ROCK 算法、CURE 算法、CHAMELEON 算法等较为常用。

4.1.2.3　基于密度的方法

以聚类对象分布密度为出发点，以密度聚类算法为基础的思想将簇视作被低密度样本区域在数据空间中分隔开的高密度区域。基于密度的方法，它以样本点单位体积内包含的样本个数为密度，如果邻近区域的密度（对象数量或数据点的数量）超过某个预先设定的阈值，就将继续进行聚类，目前常用的层次聚类算法有 DBSCAN 算法、GDBSCAN 算法、OPTICS 算法等。其中，由 Ester 等提出的 DBSCAN 算法非常具有代表性，该算法能根据指定的密度阈值实现对簇的控制，它会控制簇的密度在增长达到一定程度后，将对应的区域划分为类，并在含有“噪声”的数据中找出所有形状的类。

基于密度的算法适用于不规则形状的聚类问题的解决，在空间信息处理中有广泛的应用。在一些时候，这类算法从数据集中得到的密度图很不均匀，伪聚类因此形成，这是这类算法存在的主要缺点。纵观整体，大部分基于密度的聚类方法都面临着一个需要解决的问题，那就是它们对参数的设定都十分敏感，参数设置时哪怕存在非常细微的差别，都有可能得到截然不同的聚类结果。

4.1.2.4 基于网格的方法

这种方法先在样本空间内，以平均分割的方式对其中每一维进行分割，将之分为等长的区间段，数据空间由此被分成若干个网格单元，这些网格单元互不相交；然后，在网格单元上进行所有的聚类。基于网格的方法对数据对象的处理主要包括以下的几个步骤：①用网格单元划分样本空间，再将数据对象集映射到网格单元的数据空间的网格中，然后对每个网格单元进行密度计算；②以预先设定好的最小密度阈值 MinPts 为依据对各网格单元进行判断，分析这些网格是否属于高密度单元，并以此为依据组合附近的密集单元格为簇；③由于在划分网格结构时使用了不同的方式对子空间进行搜索，此时就可以根据搜索方式的不同，将聚类分为自顶向下网格划分的聚类和由底向上网格划分的聚类。STING 算法、CLIQUE 算法、Wave Cluster 算法等都是较为常见的网格聚类算法，这些算法具有一致的核心步骤，都需要借助网格单元中数据的统计信息对网格单元密度作出准确的判断，之后以簇标记相连的高密度单元格，区别就是其使用了不同的网格划分方式，在不同程度上处理网格数据结构。

处理速度较快、数据对象数目与处理时间独立，即聚类过程只对空间中每个维度的单元数目有影响，不影响数据集中样本点的个数，这是基于网格的方法的主要优点。但需要注意的是，因为基于网格的聚类算法必须要设置密度阈值与网格划分参数这两个关键参数，所以该算法的一个缺点就是十分依赖参数设定。这类算法需要付出聚类结果的精确性来提高算法的效率，它通常结合基于密度的算法使用。

4.1.2.5　基于模型的方法

基于模型的聚类，指的是根据模型产生类簇，其主要思想为先为每个类簇设定一个模型，然后在给定模型下寻找每个数据对象的最佳拟合，之后便将与同一模型匹配的对象归为一簇，直至所有聚类对象都按照最佳拟合模型划分完毕。基于模型的聚类分析可以通过构建能反映数据点空间分布的密度函数实现对聚类的定位，或者是以标准的统计数字为基础实现聚类数目的自动决定，此外还要求考虑孤立点或噪声数据的影响，最早形成可靠的聚类结果的方法。基于模型的方法主要有统计学方法（如 COBWEB 算法）和神经网络方法（如 SOM 算法、ART 算法、LVQ 算法）两大类。其中 COBWEB 算法是一个常用的简单增量式概念聚类方法，它采用符号量对输入数据加以描述，以分类树的形式来创建一个层次聚类。SOM 算法则是通过模拟人脑对信号处理的特点而发展起来的一种人工神经网络的算法。

在上述众多聚类算法中，最常用也是最经典的一种聚类分析算法就是基于划分思想的 K–Means 聚类算法。该算法具有高效、简单和可伸缩性强的优势，在多个领域中有广泛的应用，在信息检索、经济管理、模式识别、生物医学、图像分析等多个领域中备受青睐。

4.1.3　聚类算法的评估

数据的聚类依赖于实际需求，同时也依赖于数据的特征度量及评估数据相似性的方法。为了评估不同聚类算法的性能优劣，我们需要了解常见的数据簇的特点。

（1）以中心定义的数据簇。这类数据集合倾向于球形分布，通常中心被定义为质心，即此数据簇中所有点的平均值。集合中的数据到中心的距离相比到其他簇中心的距离更近。

（2）以密度定义的数据簇。这类数据集合呈现和周围数据簇明显不同的密度，或稠密或稀疏。当数据簇不规则或互相缠绕，并且有噪声和离群点时，常常使用基于密度的簇定义。

（3）以连通定义的数据簇。这类数据集合中的数据点和数据点之间有连接关系，整个数据簇表现为图结构。该定义对不规则形状或者缠绕的数据簇有效。

（4）以概念定义的数据簇。这类数据集合中的所有数据点具有某种共同性质。

鉴于数据与需求具有的多样性特点，没有哪一种算法对所有的应用场景、数据簇或者数据类型都适用，几乎每种情况使用的度量标准或评估方法都不同。例如，可使用误差平方和对 K 均值聚类进行评估，但如果该聚类中基于密度的数据簇不是球形，则误差平方和就会失效。大多数时候，主观解释对聚类算法结果的好坏具有决定性影响。即便如此，聚类算法仍是聚类分析不可缺少的部分，其评估仍是必要的。

对于聚类算法具有怎样的聚类效果，可以通过对簇的紧凑情况与分离情况进行考察来评估。以下为常用的几种度量指标。

（1）轮廓系数。给定一个点 p，该点的轮廓系数定义为：

$$s(p)=\frac{b(p)-a(p)}{\max\{a(p),b(p)\}} \tag{4-1}$$

式中：$a(p)$ ——点 p 与同一簇中其他点之间的平均距离；

$b(p)$ ——点 p 与另一个不同簇中的点之间的最小平均距离（如果有 n 个其他簇，则只计算和点 p 最接近的一簇中的点与该点的平均距离）。

$a(p)$ 反映的是点 p 所属簇中数据的紧凑程度，$b(p)$ 反映的是该簇与其他临近簇的分离程度。显然，$b(p)$ 越大，$a(p)$ 越小，对应的聚类质量就越好，因此，我们将所有点对应的轮廓系数$s(p)$ 求平均值来度量聚类结果的质量。

（2）均方根标准偏差。均方根标准偏差（Root-mean-square standard deviation，RMSSTD）主要用来衡量聚类结果的同质性，即紧凑程度，定义为：

$$\mathrm{RMSSTD}=\left\{\frac{\sum_i\sum_{x\in c_i}\|x\|-\|c_i\|^2}{P\sum_i(n_i-1)}\right\}^{\frac{1}{2}} \tag{4-2}$$

式中：c_i——第 i 个簇，该簇的中心；

$x\in c_i$——属于第 i 个簇的一个样本点；

n_i——第 i 个簇的样本数量；

P——样本点对应的向量维数。

可以看出，分母对点的维度P做了惩罚，维度越高，则整体的平方距离度量值越大。$\sum_i(n_i-1)=n-NC$，其中n为样本点的总数，NC为聚类簇的个数，通常$NC\ll n$，因此 $\sum_i(n_i-1)$的值接近点的总数，为一个常数。所以说RMSSTD可以看作是经过归一化的标准差。

（3）R 方。R 方（R-Square）可以用来衡量聚类的差异度，定义为：

$$RS=\frac{\sum_{x\in D}\|x-c\|^2-\sum_i\sum_{x\in c_i}\|x-c_i\|^2}{\sum_{x\in D}\|x-c\|^2} \tag{4-3}$$

式中：D——整个数据集；

c——数据集D的中心点，从而代表将数据集D看作单一簇时的平方误差和。与上一指标 RMSSTD 中的定义相同，代表将数据集聚类之后的平方误差和，所以 RS 代表了聚类之后的结果与聚类之前相比，对应的平方误差和指标的改进幅度。

4.2　K-Means 算法介绍

4.2.1　K-Means 算法的基本思想

James.MacQueen 提出了经典的 K-Means 聚类算法，这是一种基于划分的聚类方法。

其核心思想：以相似度为依据，对给定的数据集进行划分，将之分成 K 个类簇，要求在聚类划分后，类簇内尽可能相似，而类簇之间则尽量相异，即每个类别中的数据对象到其聚类中心的平方误差和（sum of the squared error，SSE）最小。

K-Means 算法的工作原理为，首先从 n 个数据对象中任意选择 k 个对象作为初始聚类中心，而对剩下的其他对象，则根据它们与这些聚类中心的相似度（距离），分别将它们分配给与其最相似的（聚类中心所代表的）簇。

然后再重新计算新的聚类中心值，即每个簇中对象的平均值。之后不断进行迭代，直到聚类目标准则函数值 E 收敛为止。K-Means 算法的迭代过程，如图 4-2 所示。

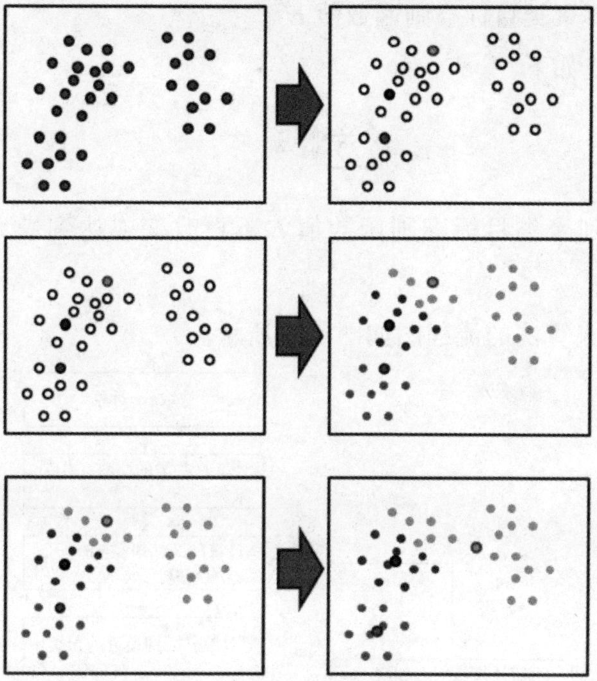

图 4-2　K-Means 算法的迭代过程

K-Means 算法主要包括以下几个步骤：

（1）随机地从 n 个对象构成的集合 $\{x_1, x_2, \cdots, x_n\}$ 中随机选择 k 个对象 $\{c_1, c_2, \cdots, c_k\}$ 作为初始的 k 个聚类中心。

（2）以 k 个对象 $\{c_1, c_2, \cdots, c_k\}$ 为中心，根据相似度将每个对象划分给指派到最近的中心形成 k 个类簇。具体的划分原则：如果 $x_i - c_j < x_i - c_m, m = 1, 2, \cdots, k; j \in k; i = 1, 2, \cdots, n,$ 且 $j \neq m$，则将 x_i 划分到集合 c_j 中。

（3）计算新划分出的每个对象集合中的对象的平均值：

$$\overline{x}_i = \frac{1}{n_i} \sum_{x \in c_i} x,\ i = 1, 2, \cdots, k \tag{4-4}$$

其中 n_i 为集合 c_i 中对象的个数，令 $c_i = \overline{x}_i$。

（4）计算聚类目标准则函数值 E。

具体公式如下：

$$E=\sum_{i=1}^{k}\sum_{x\in c_i}\left\|x-\overline{x}_i\right\|^2 \tag{4-5}$$

（5）直到聚类目标准则函数值 E 不再改变或达到最大迭代次数，否则转到（2）。

K-Means 算法的流程图如图 4-3 所示。

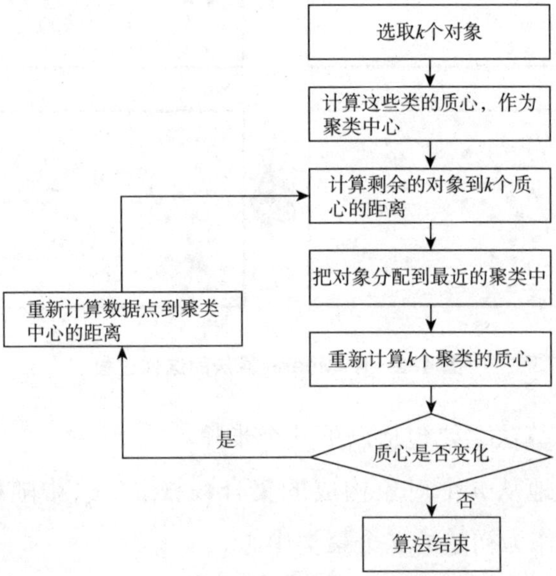

图 4-3　K-Means 算法的流程图

4.2.2　K-Means 算法的优缺点

从上面的算法步骤中，我们可以看到 K-Means 算法主要基于数据间的相似程度来进行聚类，而这种相似程度可以用距离矩阵来度量。它的计算复杂度是 O(nkt) 接近于线性，其中 n 是数据对象的数目，k 是聚类的簇数，t 是迭代的轮数。尽管算法经常以局部最优结束，但一般情况下达到的局部最优已经可以满足聚类的需求。特别是大数据集，K-Means 聚类算法相对是可伸缩和高效的。

但是，K-Means 算法也存在一些不足，主要是以下三个方面：

（1）初始聚类中心是随机选择的，这样就使得选取不同的初始聚类中心可能得到不同的聚类结果，让聚类不稳定，最终导致结果不是全局最优解而是局部最优解。一旦初始值选择得不好，可能无法得到有效的聚类结果，这也是 K-means 算法的一个主要问题。

（2）算法中 k 是事先给定的，这个 k 值的选定是非常难以估计的。很多时候我们事先并不知道给定的数据集应该分成多少个类别才最合适。

（3）无法很好地解决数据簇分布差别比较大的情况（如一类是另一类样本数量的 100 倍）、不太适用于离散分类等。

4.3　FCM 聚类算法

4.3.1　FCM 聚类算法的基本原理

传统的聚类算法以隶属度为 1 将样本非此即彼的划分到某个类中，而事实上并不是所有的样本都可以刚好完全划入某一个类，对于那些既可以划入某一个类中，又可以划入另一个类中的样本，强行将其归入某一个类中，这毫无疑问会产生偏差。为了解决这一问题，众多学者提出了各种各样的聚类算法。1974 年，Dunn 和 Tamura 将图论分析引入聚类方法中，提出了新的聚类思路。1985 年，Killer 等人提出了模糊 -k 最近邻算法。而模糊 C- 均值算法（FCM）是 Dunn 在 Ruspini 定义的模糊划分集合概念的基础上，从传统聚类的基础上发展而来的。它通过计算隶属度来判断一个项目属于某个类的程度。FCM 算法的目标函数如下：

$$\min J_m(\mu,c)=\sum_{i=1}^{n}\sum_{j=1}^{c}\mu_{ij}^{m}d_{ij}^{2} \tag{4-6}$$

其中，隶属度μ_{ij}表示集合元素x_i对类c_j的隶属度，满足：

$$\sum_{i=1}^{c}\mu_{ij}=1,\ \ 1\leqslant j\leqslant n \tag{4-7}$$

隶属度取值在 [0,1] 之间，同一个对象对所有类的隶属度之和为 1。m 为模糊因子，用来决定聚类结果的模糊程度。

FCM 算法的计算步骤如下：

输入：给定迭代标准$\epsilon>0$的值，以及$k=0$时的初始迭代中心 C（0）。其中 k 是迭代步数。

迭代计算第 k 次的隶属度矩阵$\boldsymbol{\mu}(k)$ ：

$$\mu_{ij}=\frac{1}{\sum_{r=1}^{c}\left(\frac{d_{ij}(k)}{d_{rj}(k)}\right)^{\frac{2}{m-1}}} \tag{4-8}$$

迭代计算第 k 次的聚类中心$C(k+1)$：

$$C(k+1)=\frac{\sum_{j=1}^{n}\mu_{ij}^{m}(k)x_j}{\sum_{i=1}^{n}\mu_{ij}^{m}(k)} \tag{4-9}$$

比较两次聚类中心的差值，如果：

$$\|C(k+1)\|-\|C(k)\|\leqslant\epsilon \tag{4-10}$$

则迭代结束，说明已经达到局部最优或全局最优状态了。若差值大于ϵ，则把 k 加 1，重新计算，直到满足迭代结束条件。

FCM 算法的流程图如图 4–4 所示。

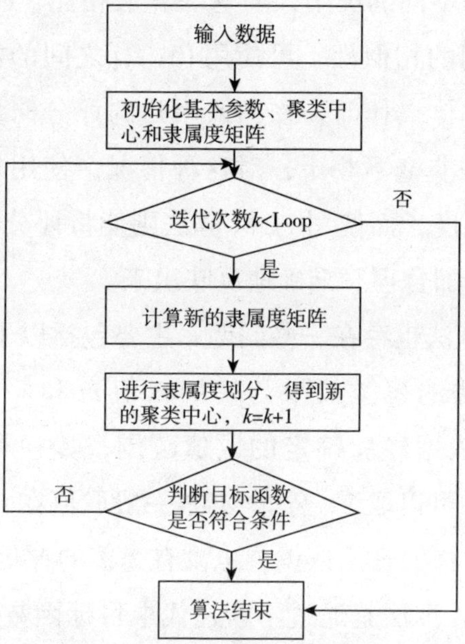

图 4–4　FCM 算法的流程图

从算法的推导过程中我们不难看出，算法对满足正态分布的数据聚类效果会很好，另外，算法对孤立点是非常敏感的。

4.3.2　FCM 算法的优缺点

协同过滤算法中的协同代表需要凭借其他用户对项目的偏好程度来完成推荐过程，即需要在其他用户的协助下完成对用户的推荐。具有相同或相似爱好的用户可能对同样的项目感兴趣，这种推荐思想就是以这一规律为前提产生的。而推荐需要解决的最为关键的问题就是如何把握这种相似程度。传统的推荐算法需要将整个用户 – 项目空间纳入寻找范围，从中寻找相似邻居，而 FCM 算法则可以先对相似邻居做好分类，以大幅度减少推荐过程中造成的时间消耗。

传统的硬聚类算法在对一个集合中的元素进行划分时，往往非此即彼的将之划分到不同的类中，与这一算法相比，FCM 算法较为关注元素与各个类之间的相似性，可使用 [0，1] 之间的数来表示这种相似性。实际上，在具体操作时，物品或用户的评分向量相互之间可能存在一定的联系，并非毫不相干，对这种情况，使用传统的硬聚类算法存在难以忽略的难度，而使用 FCM 算法则能将评分向量分类界限上所具备的不确定性更加合理、准确地反映出来。

但是，FCM 算法也存在一些问题，主要包括以下三个方面：

（1）FCM 算法的聚类效果与模糊权值 m 和停止参数密切相关，尽管目前有一些依据经验确定的取值范围，如模糊权值一般取值在 $1.5 \leqslant m \leqslant 2.5$，通常可以取 2，停止参数 ϵ 一般取值在 0.001 ～ 0.01 之间，但这些取值没有严格的理论依据，也没有完善的评价标准。

（2）由于 FCM 算法是通过不断迭代求目标函数最优解的，因而初始化条件对结果的影响巨大，很容易导致局部极小值，从而得不到全局最优解。

（3）FCM 算法需要聚类类别数量的先验知识，破坏了聚类的自适应性，类别数一旦确定，算法就会把数据集合固定地划分为几个类，而不管数据本身的聚类结构。

4.4　K-Means 的改进算法

4.4.1　基于加权的 K-Means 算法的流程

传统的 K-Means 聚类算法以欧式距离相似度为基础，是一种迭代式算法。使用这一算法进行多特征数据的处理时，该算法会预设样本的每种特征对距离有同等程度的影响，不考虑最终的聚类结果受到不同指标会产生怎样不同的影响。因此，算法对多特征数据聚类上无法区分各特征对聚类划分的重要度。而相关研究表明，在某一特征下样本的变异程度越小，对聚类结果的贡献越大，越应该给予重视。因此，本节通过特征加权，修正相似度准则函数对传统的 K-Means 聚类算法的缺陷进行弥补。具体做法是通过确定某一特征下样本值的变化程度进而确定该特征对样本聚类划分的贡献程度，即对每个特征赋予一个权值。其中，距离最大化赋权法能够根据实际数据的变异程度自动确定各指标的加权系数，进行相似度函数加权修正，将原本“绝对距离”用“相对距离”取代来计算样本间相似度，弥补传统 K-Means 算法的缺陷，优化聚类效果。

在对样本间相似度进行度量时，样本向量对应元素的值的相似度越高，样本向量对应属性就越能对聚类结果产生更大的贡献。就这一点而言，不同对象上某一共同特征的相似度越高，该特征的权重值就越大，最终定义各特征的权重系数计算公式为：

$$w_{j'}=\frac{1-w_j}{n-\sum_{j=1}^{n}w_j},\ 1\leqslant j\leqslant n \tag{4-11}$$

通过分析公式（4–11）可发现，得到的权重值意味着某特征下，样本间变化越小，即距离差权重越小，与之相对的权重就越大，从而可以对聚类结果产生更大的作用。这种借助变异程度明确加权系数，利用“相对距离”取代“绝对距离”对样本间相似度进行计算的方法，可以很好的解决传统 K–Means 算法处理多特征数据聚类效果不理想的问题。

相应的目标函数变为：

$$E=\sum_{h=1}^{k}\sum_{x_i\in c_h}\sum_{j=1}^{n}w_{j'}(x_{ij}-c_{hj})^2 \tag{4-12}$$

加权改进 K–Means 算法主要有以下几个步骤：

（1）随机选择 k 个对象$\{c_1,c_2,\cdots,c_k\}$作为初始的 k 个聚类中心。

（2）计算聚类样本的权向量ω'。

（3）进行初次聚类。计算样本与各聚类中心间的加权欧式距离，将样本指派给最近的中心。具体的划分原则是：如果$x_i-c_j<x_i-c_m$ $m=1,2,\cdots,k;j\in k;i=1,2,\cdots,n,$且 $j\neq m$，则将x_i划分到集合c_j中。

（4）更新聚类中心。所有样本分配完成后，重新计算 k 个聚类的中心。

$$\overline{x}_i=\frac{1}{n_i}\sum_{x\in c_i}x,i=1,2,\cdots,k \tag{4-13}$$

其中n_i为集合c_i中对象的个数，令$c_i=\overline{x}_i$。

（5）计算聚类目标准则函数值 E。

具体公式如下：

$$E=\sum_{h=1}^{k}\sum_{x_i\in c_h}\sum_{j=1}^{n}w_{j'}(x_{ij}-c_{hj})^2 \tag{4-14}$$

（6）直到聚类目标准则函数值 E 不再改变或达到最大迭代次数，否则转到（3）。

加权改进 K–Means 算法的流程图如图 4–5 所示。

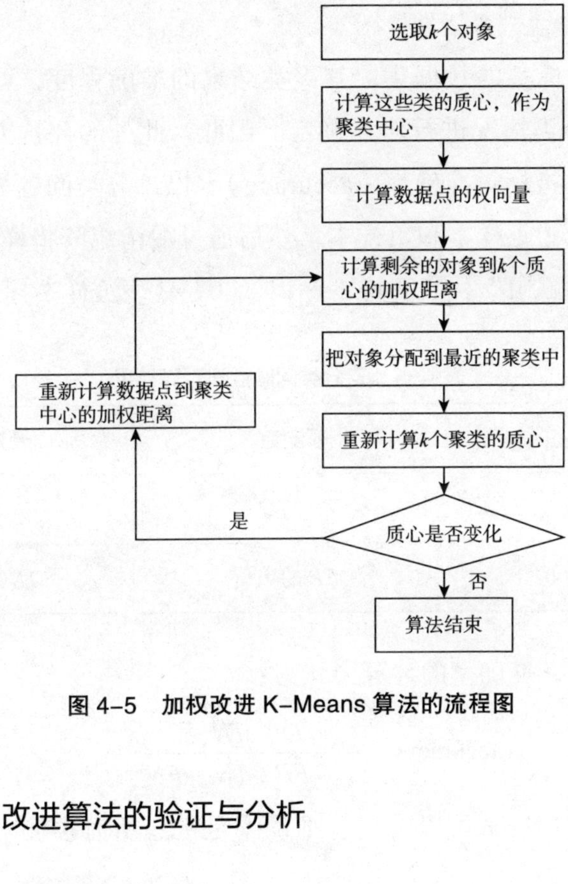

图 4–5　加权改进 K–Means 算法的流程图

4.4.2　改进算法的验证与分析

4.4.2.1　数据集特征

本书采用由 Cai–Nicolas Ziegler 根据 bookcrossing.com 的数据编写的 book–crossings 图书评分数据集，该数据集共包含了 278 858 个用户信息、1 149 780 个评分及 271 379 本图书信息，数据集中主要包含了三类数据，分别是用户信息、图书信息、图书的评分信息。用户信息主要有用户 ID、所处地区、用户年龄等信息；图书信息包含了图书的 ISBN 码、图书名称、出版日期和对应出版社等信息；图书的评分信息包含了用户对图书的评分，评分数据取值在 1 ～ 10，值越大表明评分越高，没有评分则为 0。

4.4.2.2 聚类效果评价指标

对于已知标签的数据集，其聚类结果的准确程度，可通过将聚类结果与实际分类情况进行对比确定。因此，此处的评价方法选用典型的有监督评价指标：准确率（accuracy）。以二分类问题为例，可以将样本分别定义为正样本和负样本，然后通过混淆矩阵将样本分为四类，如表 4–1 所示，“1”代表正样本标识，“0”代表负样本标识。

表 4–1 二分类问题混淆矩阵结果

样本标识	预测为 1	预测为 0
实际为 1	TP 的数量	FN 的数量
实际为 0	FP 的数量	TN 的数量

根据混淆矩阵，准确率的计算公式为：

$$\text{accuracy} = \frac{TP + TN}{TP + FP + TN + FN} \tag{4–15}$$

从公式（4–15）可以看出，准确率是汇总所有预测对的数量，然后除以总的数量。

对多分类问题的评价指标，仍然可以先计算混淆矩阵，再基于混淆矩阵计算其他指标。二分类的混淆矩阵为 2×2 的矩阵，多分类的混淆矩阵则为 $N \times N$，以三类样本为例，分别用（1, 0, -1）作为标识，假定每类样本真实数量都为 100，则如表 4–2 所示。

表 4-2　三类分类问题混淆矩阵

样本标识	预测为 1	预测为 0	预测为 -1
实际为 1	60	20	20
实际为 0	10	70	20
实际为 -1	5	15	80

在多分类模型的评价时，可以统计预测为 1、预测为 0 和预测为 -1 正确的概率，然后除以总的数据。准确率的计算结果为：

$$\text{accuracy}=\frac{60+70+80}{60+20+20+10+70+20+5+15+80}=0.7$$

从准确率的计算公式（4-15）可知，其取值范围为 [-1，1]，其值越接近 1，表明分类结果越准确，即聚类效果越好。

两种算法的聚类准确率和迭代次数如图 4-6、图 4-7 所示（为了便于描述，加权算法记作 w-K-Means）。

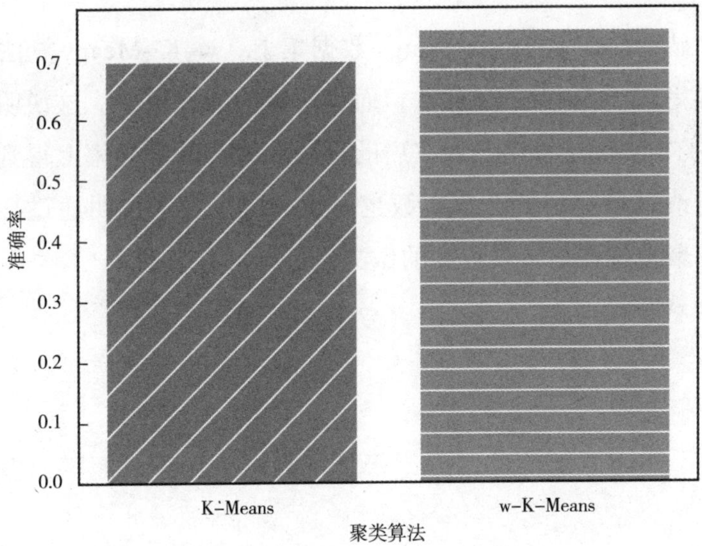

图 4-6　两种算法的聚类准确率对比图

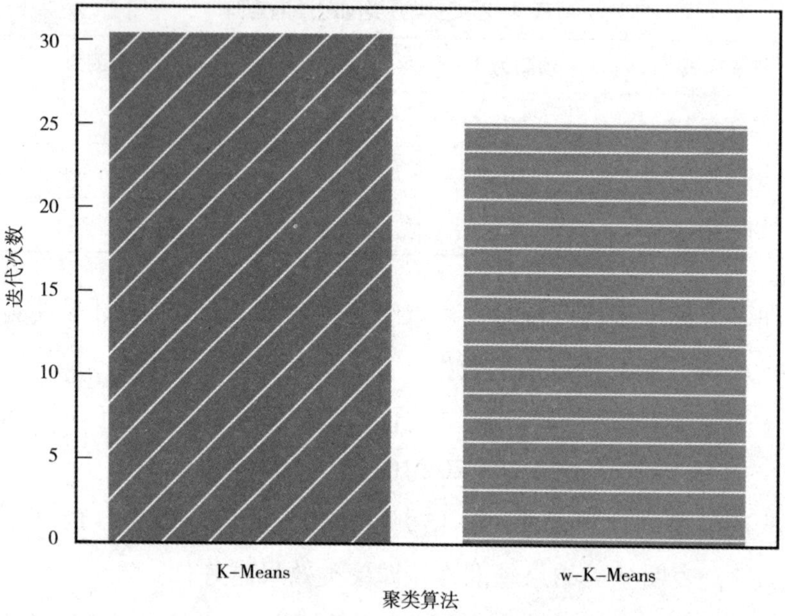

图 4-7　两种算法的迭代次数对比图

结果显示，在 book-crossings 数据集上，w-K-Means 算法的聚类结果准确率高于 K-Means 算法，而且迭代次数也更少。这说明，相较于传统的 K-Means 算法，加权后的算法在聚类的准确率上得到了有效提升，且改进后算法的迭代次数也有明显减少。这说明通过加权区分各特征在聚类过程中重要程度的做法是可行且有效的。

4.5　小结

本章主要介绍了聚类算法相关的概念及分类情况，分别分析了常见的 K–Means 算法和 FCM 算法流程及各自的优缺点。在此基础上，对 K–Means 算法进行了改进，通过引入不同的权重值来区分不同特征对聚类结果的影响，从实际模拟测试数据分析看，改进方法还是取得了一定的效果。

第 5 章　基于内容的个性化图书推荐

基于内容的推荐思想，其实质是一种从用户角度出发分析不同内容相似度的推荐算法解决方案。其核心内容在于需要建立两个主要模型，一个是用户的兴趣模型，另一个是资源模型。

建立用户兴趣模型的目的是通过各种特征提取算法，包括人工智能等算法，提取出一个空间向量模型用以表示用户兴趣模型；资源模型的建立是通过实现对物品特征属性的整理，形成一个物品的特征向量代表资源模型。

5.1　基于内容的推荐算法概述

基于内容的推荐（content-based recommendation）最早用于信息检索，对物品“内容”之间的相似性非常关注。基于内容的推荐算法认为：如果不同的物品之间在特征与内容方面存在相似性，那么这些物品也会因此得到相似的用户评分。

在这一假设的基础上，算法可以提取物品本身具有的特征，也能对用户已选择的物品特征作出分析，由此可以寻找并向用户推荐与该物品特征相似的其他物品。这种算法在一定程度上解决了物品的冷启动问题，能够有效地解决数据稀疏的状况，算法还具有相对稳定的推荐性能。然而，这种方法对提取物品内容特征的准确性有很高的依赖性，用户的冷启动问题也需要加以解决。基于内容的推荐算法的流程如图 5-1 所示。

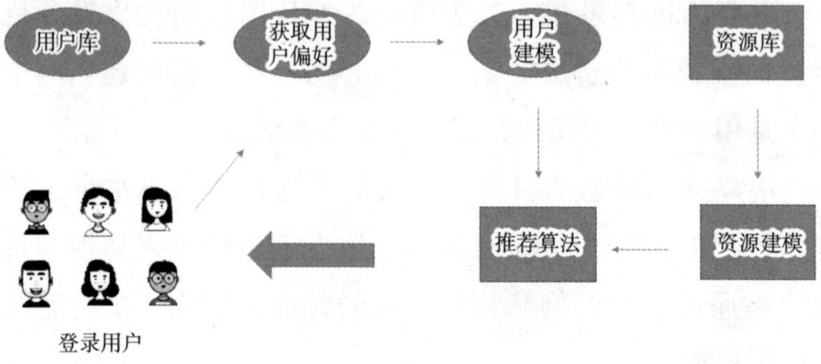

图 5-1　基于内容的推荐算法的流程

如图 5-1 所示，基于内容的推荐算法流程大致分为三个核心步骤：①从用户库中获取到用户的偏好，并基于该偏好风格进行用户建模；②从资源库中获取相关内容资源进行建模；③采用推荐算法将用户模型与资源模型进行统筹计算，可以得到基于内容的推荐算法模型。

由此可见，要实现基于内容过滤的个性化推荐，一般需要进行以下三个重要操作：①基于用户信息及用户操作行为构建用户特征表示；②基于物品信息构建物品特征表示；③基于用户及物品特征表示为目标用户推荐物品，如图 5-2 所示。

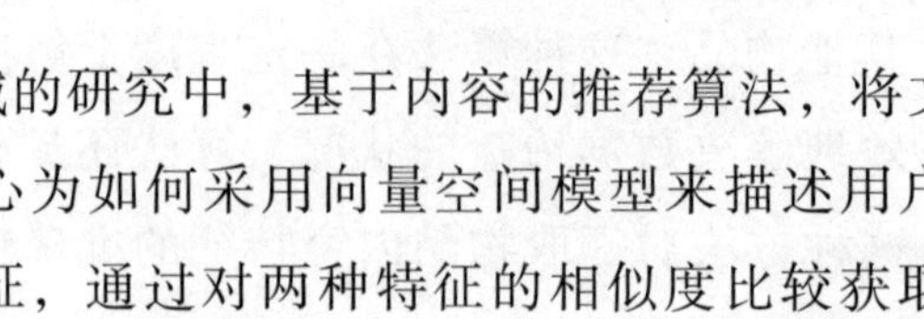

图 5-2　基于内容推荐的三个核心操作

目前该领域的研究中，基于内容的推荐算法，将文本资源作为主要对象，其核心为如何采用向量空间模型来描述用户兴趣特征和物品（图书）特征，通过对两种特征的相似度比较获取目标用户兴趣偏好的推荐表达。在基于内容的推荐中，广泛采用基于向量空间模型（vector space model，VSM）的推荐，计算特征词权重常用方法是

TF-IDF 算法。

以上两大类算法构成了基于内容推荐算法的核心流程，该类算法基于用户对物品的操作行为、用户相关信息、物品相关信息来进行推荐算法模型的构建，服务于用户。其中，用户对物品的操作行为包括但不限于用户的浏览、观看、评论、点赞、加购物车、收藏、购买等；用户相关信息则包括性别、地域、年龄、收入、偏好等各类人口统计学信息；物品相关信息则指的是用于描述物品的各类文字信息，如用户评论、标签、人工标注的信息及 metadata 信息等。基于内容推荐的算法通常通过收集用户自身的行为信息，分析和了解用户的行为习惯，从而为用户提供较为精准的推荐，这一过程不对其他用户的行为造成影响或干涉。从广义角度上看，物品相关信息可以是文本信息，也可以是图片、视频、语音等其他类型的信息，这些信息都可以成为内容推荐的信息来源，但这类信息往往算法难度大、存储成本高、处理成本大、处理时间长。最早应用于工程实践的算法就是基于内容的推荐算法，实际应用案例很多。例如，今日头条就在一定程度上使用了基于内容的推荐算法向用户提供个性化的新闻资讯推荐服务。

结合上述基于内容推荐的算法的思想，本章节旨在利用该类算法进行个性化图书推荐的应用研究。首先使用向量空间模型将用户兴趣与图书资源整理和展示出来，即利用提取出的图书特征词及其权重将图书资源的特征表现出来。其次，可以从兴趣信息中提取出相应的特征词用以表示用户兴趣特征的构建步骤。最后，计算用户兴趣特征与图书资源特征的相似度，再向目标用户推荐相似度较高的图书。在构建个性化推荐模型时，直接利用分析提取得到的特征词、特征词的权重，以及训练出的特征词向量来计算图书资源与用户兴趣之间的匹配度。

5.2 基于向量式的兴趣特征模型

5.2.1 向量式模型概述

基于内容的推荐算法常常采用向量空间的兴趣特征表示模型，该类算法思想核心在于建立用户兴趣模型，再进行相似度比较后得到某用户感兴趣的物品。基于用户兴趣选择出来的图书可选取与之相配的主题词来表示用户的兴趣。采用包括调研和自动采集等方式收集用户日志、收集用户访问记录、了解用户访问时的操作类型以及用户浏览对象书籍的时间长度等。在此基础上，划分出兴趣度分级列表，作为用户兴趣特征模型建立的基础。

个性化推荐模型主要有用于提取用户兴趣特征的用户兴趣处理模块、用于提取图书特征的图书处理模块和用于计算用户兴趣与图书资源之间匹配度的图书推荐计算模块 3 个模块。

5.2.2 兴趣模型建立

基于内容的推荐方法常常使用向量来表示物品特征，当实现了物品的向量化表示后，用户的兴趣向量模型建立则可以依赖于其操作过的物品的向量，获取到平均向量进行特征向量表示。

其中物品的特征，一般可以利用显式的标签来表示，也可以利用隐式的向量（当然 one-hot 编码也是向量表示，但不是隐式的）来刻画，向量的每个维度就是一个隐式的特征项。特征向量构建的典型方式是将标签按照某种顺序排列，每个标签看成一个维度，那么每个物品就可以表示成一个 N 维的向量了（N 是标签的个数），如果物品（如图书）包含某个标签，向量在相应标签的分量上的值就为 1，否则就为 0，即所谓的 one-hot 编码。有可能 N 非常大（如视频行业，N 可能是几万，甚至几十万上百万），这时向量是稀疏向量（一般产品只有少量的几个或者几十个标签），可以采用稀疏向量的表示来优化向量的存储和计算，从而提高效率。

在本书中，采用上述的特征向量构建向量空间模型（vector space model，即 VSM 模型）来表示用户兴趣模型和图书资源模型，即采用空间向量模型的方法分别表示图书资源模型和用户兴趣模型，向量空间模型用特征项及相应权重值代表图书信息，进而计算出两个向量的相似度，为用户进行个性化图书的推荐。数据一般存在关系型数据库中。我们可以将一个字段（一个特征）作为向量的一个维度，这时向量化表示每个维度的值不一定是数值，但是形式还是向量化的形式，即所谓的向量空间模型 VSM。以 VSM 模型提取特征方法，构建两本图书的向量表示分别为：$V_1=(p_1,p_2,p_3,\cdots,p_k)$; $V_2=(q_1,q_2,q_3,\cdots,q_k)$。

其中V_1代表第一本图书特征向量，其中$p_1 \sim p_k$对应着该产品的诸多标签，即 k 维度的特征；V_2代表第二本图书特征向量，其中$q_1 \sim q_k$同样代表该产品的诸多标签，这样就完成了两本图书的特征向量表达构建。

向量空间模型是一个图书特征向量的空间表示方法。在该模型中，每个文档或者产品被表示成一个 N 维空间中的向量，每一维对应给定文档集合词汇表中的一个词。

$$w_{kj}=\frac{\mathrm{TF-IDF}(t_k,d_j)}{\sqrt{\sum_{s=1}^{T}\mathrm{TF-IDF}(t_k,d_j)^2}} \tag{5-1}$$

式中：t_k——第 k 个词；

d_j——第 j 个文档；

TF-IDF——此算法在 5.2.3 节进行说明。

公式（5-1）即为 VSM 向量的空间模型表示方法。

5.2.3 关键词提取

特征向量构建的一个核心步骤是用户兴趣特征项的提取，可通过提取特征文档中的关键词来表示该特征项。因此，提取关键词对用户特征向量的构建十分重要，关键词提取与能否准确代表图书内容紧密相关。

可以用 TF-IDF 方法表示关键词的权重，该方法主要是通过统计关键词出现在某本书籍、产品或文档中的次数，将之与带有该关键词的所有图书、产品或文档数之比作为这一关键词的权重，即利用 TF-IDF 转化文本信息为特征向量，实现特征向量的构建。TF-IDF 对所有文档进行分词处理，整合成包含多个（假设为 M 个）不同词的集合，那么每个文件都可以构建一个与之相应的 M 维（每个词就是一个维度）的向量，而该向量中某个词所在维度的值可以通过统计每个词在文档中的重要性来衡量，这个重要性的度量就是 TF-IDF。

TF 即某个词在某篇文档中出现的频次，用于衡量这个词在文档中的重要性，出现次数越多的词重要性越大，当然我们会提前将“的”“地”“啊”等停用词去掉，这些词对构建向量是没有任何实际价值的，甚至是有害的。

$$TF(t_k,d_j)=\frac{\|t_k \in d_j\|}{\|d_j\|} \tag{5-2}$$

式中：t_k——第 k 个词；

d_j——第 j 个文档；

分子——t_k在中出现的次数；

分母——d_j中词的总个数。

IDF 表示的是某个词在所有文档中的“区分度”，如果某一个关键词只出现于少量的几个文档中，那么本着物以稀为贵的原则，它就被赋予了巨大的价值。反之，如果在很多文档中都有这个词出现，那么这个词就无法再对这个文档作出很好的区分和衡量。

$$IDF(t_k)=\log\frac{N}{n_k} \tag{5-3}$$

式中：N——所有文档的个数，是包含词的文档个数。

公式（5-3）刚好跟前面的描述是一致的：稀有的词区分度大。

TF-IDF 计算公式如下所示：

$$\text{TF}-\text{IDF}(t_k,d_j)=TF(t_k,d_j)*IDF(t_k) \tag{5-4}$$

有了上面对 *TF* 和 *IDF* 的定义，实际的 TF-IDF 就是上面两个量的乘积。

5.2.4　相似度计算方法

当用户兴趣模型与图书资源模型表述完毕后，相似度成为评判用户兴趣特征与图书内容特征两者之间相似程度的变量。对于向量空间模型来说，最为常见和使用的相似度的计算方法是计算向量间的余弦相似度，如前面两本图书 V_1 和 V_2 的相似性可以表示为：

$$sim(V_1,V_2)=\sum_{t=1}^{k}sim(p_t,q_t) \tag{5-5}$$

公式（5–5）代表的是向量的两个分量之间的相似度，可以采用Jacard相似度等各种方法计算两个分量之间的相似度。公式（5–5）中还可以针对不同的分量采用不同的权重策略，见公式（5–6），其中ω_t是第t个分量（特征）的权重，具体权重的数值可以根据对业务的理解通过人工设置，或者利用机器学习算法来训练学习得到，公式如下：

$$sim(V_1,V_2)=\sum_{t=1}^{k}\omega_t * sim(p_t,q_t) \tag{5-6}$$

式中：ω_t——权重矩阵，其可以依赖于机器学习算法，如人工神经网络来进行学习训练，得到最终的权重矩阵。

至此结合特征化向量VSM模型的基于内容的推荐模型构建初步完成，但同时存在一些特殊情况，实际上标签往往错综复杂，许多时候会存在多标签，甚至是分层标签的情况，有很多业务标签是分级的，如电商数据。如图5–3所示，标签的层级关系形成一棵树状结构，我们在向量化时要充分考虑这样的情况。最简单的方法是只考虑叶子节点的标签（也是最低层级的标签），基于叶子节点标签构建向量表示。复杂一些的方法则可以基于层级结构构建标签表示及计算产品相似度。

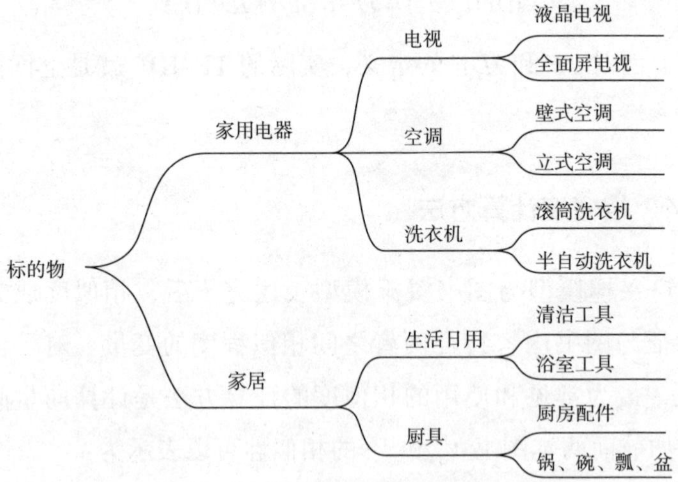

图5–3 标签化分级关系

如图 5-3 所示，当产品或者文档的标签存在分级情况，每一级和下一级存在囊括关系，在这种情况下，当要提取一个最终的标签时，可以通过多种思维进行获取。例如，上述对于分级存在明显涵盖关系的，可以直接使用最底层标签，具备一定的稀疏度同时更加精准地表述产品特征，还可以考虑分级提取，每一个级别的标签通过算法获得分级标签特征维度组合。除此以外还可以通过算法获取，如通过 NLP 技术从文本信息中提取关键词作为标签。对于图片或视频，它们的描述信息可以提取标签，另外可以通过目标检测的方法从图片或视频中提取相关对象构建标签。标签可以是用户打的，很多产品在用户与产品交互时可以为产品打标签，这些标签就是产品的一种刻画。标签也可是人工标注的，像 Netflix 在做推荐时，请了上万个专家对视频从上千个维度来打标签，让标签具备非常高的质量。基于这么精细优质的标签做推荐，效果一定是不错的。很多行业的产品来源于第三方提供商，他们在入驻平台时会被要求按照某些规范填写相关标签信息。又如诸多开源图片数据集、文本数据集，已经自带有每个图片、文档的多标签维度，此时我们也可直接利用这些开源信息。

在机器学习和自然语言处理领域中，针对标签提取有专门的用来在一系列主题词中发现抽象主题的一种统计模型。从直观角度出发，如果一篇文章、一本书籍有一个主题内容，那么一般都会有大量与该主题内容相关的特定词语频繁出现。例如，有一本中心内容为小狗的书籍，那么出现频率相对高的词语就会是“骨头”“狗”等；如果这是一本讲猫的书籍，那么出现频率高的词则会是“鱼”“猫”等。而诸如“和”“这个”这样的两个词在各自所在的文章中出现的频率大致相等。但实际上，一本书籍含有的主题通常不止一个，每个主题在这本书中占据的比例也都不同。因此，如果一本书籍与猫的相关度达到 10%，同时与狗的相关度达到 90%，那么最终出现的关键词与狗相关的概率将为与猫相关的概率的 9 倍。一个主题模型试图用数学框架来体现文档的这种特点。主题模型自动分析每个文档，统计文档内的词语，根据统计的信息来断定当前文档含有哪些主题，以及每个主题所占的比例各为多少。主题模型如图 5–4 所示。

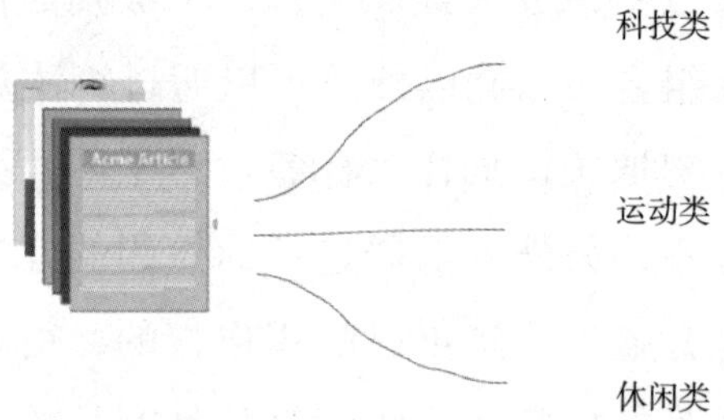

图 5–4　主题模型

如图 5–4 所示，假如有一本书籍，通过里面的词，来确定它是什么类型的书籍，如果书籍中出现很多体育类的词，如篮球，足球，那么主题模型就会把它划分为体育类的文章。通俗点说主题模型就是从一本书籍、文章或多本书籍、文章（文本）中，找出关键词，并依照关键词之间的相似度提炼成主题，而形成的一个：文章—主题—关键词的模型。在主题模型应用中需要注意以下三个方面：

（1）不同文本的停用词的收集。这里不仅是指无含义的助词、标点符号等内容，而是针对使用场景的一些内容的过滤。例如，我们的应用场景如果是电商的话，那文本内容中我们就希望越多出现关联场景的词语，对我们的实际效果指导意义更大，但是每选取一段文本，与场景无关的词语如果在主题中高频出现，则需要过滤。

（2）工程化的整体思考。从数据来源抽取、整理输出、文本预处理，导入项目工程、输出、停用词关联调整、输出，这是一个整体流程的工作，不能单纯用人工来解决，如何高效地工程化，是需要关注的问题。

（3）对大数据量的考虑。我们处理的文本量超过机器内存限制，对于小数据量的演示和测试，效果很直观，但是在实际工程中，如果对大数据量，如处理 50GB，甚至 200GB 的数据则会存在一些问题。

5.2.5　基于内容的推荐算法的优缺点

基于内容的推荐算法是一类比较直观易懂的算法，目前在工业级推荐系统中有大量的使用场景，该算法具有如下的优势和不足：

5.2.5.1　算法的优势

基于上面的介绍，基于内容的推荐算法是非常直观的，具体来说，它有以下六个优点：

（1）可以很好地识别用户的口味。该算法向用户作出的推荐完全以用户的历史兴趣为前提，推荐的产品与用户历史兴趣具有很高的相似性，所以推荐的内容与用户的口味一定是相符的。

（2）推荐结果非常直观，可解释性强。基于内容的推荐算法的原理非常简单，它主要根据对用户兴趣的分析结果向用户推荐与其兴趣特征相符的产品，推荐结果非常直观也容易理解。与此同时，更多以用户历史兴趣为根据挖掘并向用户推荐的产品，也很容易得到用户的认可与接受。

（3）可以更加容易地解决冷启动。只要用户发生了一个操作行为，就可以从内容着手，分析用户兴趣，向用户作出有意义的推荐，这种操作形式对其他用户行为不造成依赖。对用户而言，只要新入库的产品具备各类产品相关信息，如 metadata 信息等，就可以通过基于内容的推荐算法实现对该产品的分发。因此，对于快手、抖音等对 UGC 内容具有强依赖性的产品，可以通过基于内容的推荐算法为产品提供方争取更强大的流量扶持。

（4）算法实现相对简单。基于标签维度也可以实现基于内容的推荐，即向向量空间嵌入产品，利用相似度向用户进行推荐，无论使用哪种方式，都可以向开发者提供开源的算法库使用，算法实现起来比较简单，且非常容易在真实业务场景中实现。

（5）对于小众领域也能有比较好的推荐效果。而一些相对冷门或者比较小众的产品，对应的用户操作行为较少，因此这些内容难以运用协同过滤推荐方法实现推荐，相对而言，基于内容的推荐算法受此影响较小。

（6）非常适合快速增长且有时效性要求的产品。对一些增长速度较快的产品而言，每天入库的产品高达几十万甚至更多，且产品具有较强的时效性，如今日头条等新闻资讯类 App。新产品往往具有较少的用户行为，由于运用协同过滤算法难以实现向用户大量推荐新产品，这时就可以借助基于内容的推荐算法将具有相似内容的新产品分发出来。

5.2.5.2 算法的不足

虽然基于内容的推荐更容易实现，且具有较强的解释性，但是这种算法仍存在一些不足，其效果及应用仍受一定的范围限制，主要有以下四个方面：

（1）推荐范围狭窄，新颖性不强。由于这类算法在为用户作推荐时只对单个用户的行为有依赖性，所以推荐的结果更大程度上集中于用户过去感兴趣的方面，如果用户不对其他类型的产品主动关注，这类算法就很难向用户提供多样化的推荐结果，更无法发现用户更深层次的其他潜在兴趣。尤其是新用户，由于新用户的操作行为较少，算法不能够得到充足的用户行为数据，所以推荐给用户的产品往往较为单一。

（2）需要知道相关的内容信息且处理起来较难。以音频、文本、视频等为主的内容信息在处理上对领域知识具有较强的依赖性，所以处理时相对难度较大，较为费力。而且大部分信息中会含有噪声数据，导致处理难度进一步加大。另外，对内容理解的准确性、完整性和全面性对结果的推荐也会造成一定影响。

（3）较难将长尾产品分发出去。基于内容的推荐依赖于用户对产品的操作行为。操作长尾产品的用户通常很少，甚至没有。与此同时，由于基于内容的推荐只依赖单个用户行为对用户进行推荐，所以对长尾产品的分发难上加难。

（4）推荐精准度不太高。现存的基于内容的推荐算法往往在推荐精度方面表现一般，往往存在因为针对图书模型的主题词提取到的特征词量巨大的问题，从而引发维度灾难，导致计算成本过高影响模型性能。

5.3　内容推荐模型的建立

5.3.1　推荐模型的总体流程

本节主要介绍采用基本向量空间表示方法进行图书个性化推荐模型的构建，算法的步骤包括以下四个方面：

（1）数据预处理。通过文本类型转换、数据清洗等手段处理搜集的用户借阅图书和借阅记录信息，使其与模型对数据的要求相符合，以便特征提取、分词。

（2）运用分词器实现分词。在关键词的提取上，分词器的准确性直接影响着推荐的准确率。以目前广受认可和欢迎的 Python 类中文分词器 jieba 分词为分词工具，可以看出，它不仅使用了 Python 语言进行编码，而且为了满足用户的不同需求，提供了搜索模式、全模式以及精简模式等多种分词模式，以满足不同用户的需求。

（3）特征提取。利用 TF–IDF 算法提取图书特征和用户兴趣信息，基于 5.2 中所述思想，该算法核心规则在于，一个词出现在某个特定的图书主题词汇上的频率越高，在所有图书主题词中的范围越小，则说明在区分图书内容属性方面，该词所具有的能力越强。

（4）图书推荐相似度计算。该模块是基于内容推荐算法的核心内容，我们利用余弦相似度进行相似度计算，并搭配权重分配匹配度值 *sim*，将 *sim* 值最大的前排图书推荐给用户。

下面笔者通过案例来分析基于内容推荐的实现流程：

（1）依次获取所采用训练图书库中的每本图书，我们选择人工智能学科、软件工程学科下具有代表性的六本书籍作为模拟验证的书籍，分别为《Python 数据分析与应用》《解析 Python 网络爬虫》《Python 语言及其应用》《软件测试基础》《功能测试基础》《人工智能平台应用》，从而保证两个学科带来的独立性，以及每本书籍的相关性。其后对其进行预处理，然后提取分词、去停用词，利用 TF–IDF 技术计算每本图书的特征词权重，最后筛选出权重较大的前 P 个特征词。

（2）对图书集合中的所有图书进行预处理，然后分词、去停用词形成词库，得到特征词向量库。

（3）对用户阅读记录信息进行统计与筛选，利用 TF–IDF 技术计算用户的特征词权重，并筛选权重较大的前 Q 个特征词。

在前三点都完成的情况下，利用余弦相似度计算出相似度。

利用公式（5–1）计算出图书与用户兴趣的匹配度值 *sim*（归一化

处理），把 *sim* 值较大的前 *N* 本图书推荐给目标用户。

5.3.2　个性化图书推荐模拟验证

基于上述的几个步骤，我们要进行个性化图书推荐模型的构建，如果某些用户已经表达了他们对不同图书的偏好，如他们越喜欢某本书，那么他们对这本书的评分也就越高（评分范围是 1 ～ 5 分）。那么，可以在一个矩阵中将他们对不同图书的偏好表示出来，用行代表用户，用列代表书籍。可以采用调研统计方式形成用户兴趣模型的评分，从而获得用户特征向量的表达。用户书籍偏好情况如图 5–5 所示。

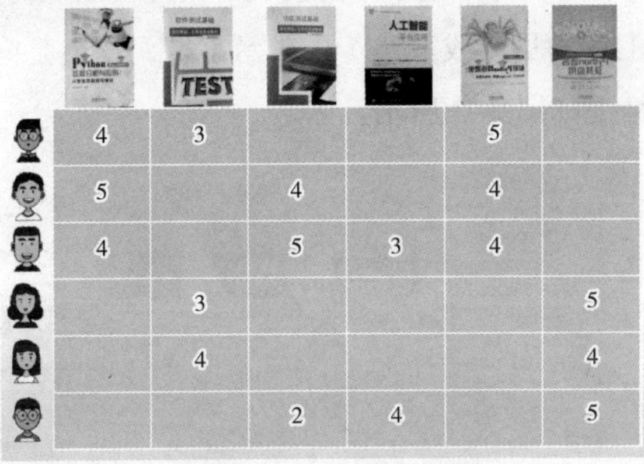

图 5–5　用户书籍偏好情况

如图 5–5 所示，偏好的范围在 1 ～ 5 分，以 5 分为最高分，代表最受用户喜欢。图中行 1 所示的第一个用户给予了图中列 1 位置的第一本图书 4 分评分。而图中空单元格则代表用户没有评价对应书籍。在基于图书内容的个性化推荐算法中，结合内容对书籍之间的相似度进行计算是该算法的首要任务。在本例中，仅为简化目的使用了书籍标题中的关键字，实际上，这些书籍还有更多可使用的属性。用户已经讨论过的书籍标题如图 5–6 所示。

图 5-6　用户已经评论过的书籍标题

通常要先将停用词（如过于常见的词、语法词）从内容中删除，然后使用那些词汇的向量（或数组）来表示书籍，这就是向量空间表示。标题中的词汇情况如图 5-7 所示。

语言	1					
基本原则		1	1			
功能测试			1			
Python	1				1	1
人工智能				1		
平台				1		
应用	1			1		1
网络病毒					1	
数据分析报告	1	1				
软件测试					1	
分析	1					1

图 5-7　标题的词汇

将图 5-7 的书籍名称先转换为英文单词，方便后期特征向量提取，同时当上图中使用标题的词汇如果在标题中有这个词，以 1 为标记，否则为空。

基于这一表格使用各种相似指标就可以对各本书籍作出直接对比。在本例中，相似度的计算可以使用余弦相似度完成。在针对第一本书籍时，对比其与另外五本书籍，就可以了解它们之间的相似程度。就像大多数相似度指标一样，向量之间具有的相似度越高，说明彼此越相似。

在本例中，第一本书在很大程度上与其他三本书类似，“系统”与“推荐”是这些书籍共同的词汇。标题越短，两本书就具有越高的相似程度，同时，不同的词汇也因此越来越少。由于第一本书与另外两本书籍之间没有共同词汇，因此，前后两者之间也没有相似的地方。五本书籍的相似性情况如图 5-8 所示。

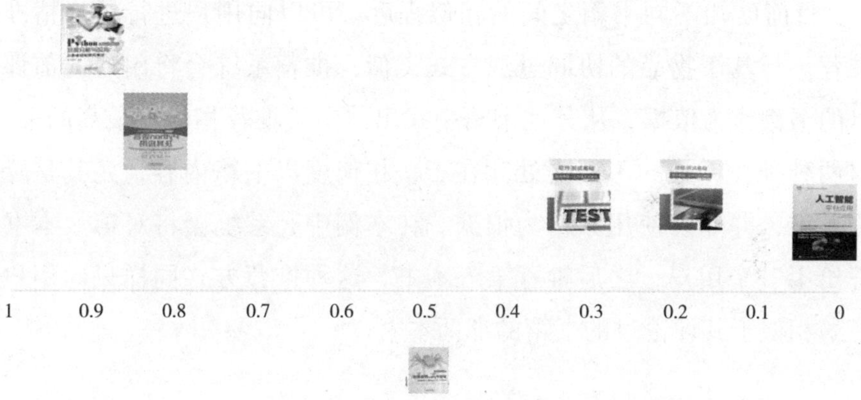

图 5-8　相似程度

图 5-8 为单个维度中第五本书与其他书籍间的相似性情况，我们可以通过两本书之间的余弦相似度轻松绘制。

此外，还可以在相似矩阵中展示出所有书籍彼此间的相似程度。单元格的背景色表明了用户彼此间的相似程度，红色越深则相似度越高。书籍相似矩阵如图 5-9 所示。

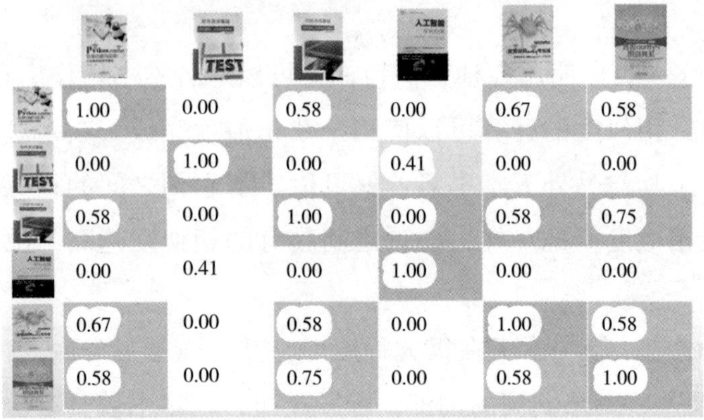

1.00	0.00	0.58	0.00	0.67	0.58
0.00	1.00	0.00	0.41	0.00	0.00
0.58	0.00	1.00	0.00	0.58	0.75
0.00	0.41	0.00	1.00	0.00	0.00
0.67	0.00	0.58	0.00	1.00	0.58
0.58	0.00	0.75	0.00	0.58	1.00

图 5-9　书籍相似矩阵

图 5-9 是书籍间的相似矩阵，每个相似点都是基于书籍向量之间的余弦相似度。

目前已知不同书籍之间的相似程度，可以向用户进行较为精准地推荐。与基于物品的协同过滤方式类似，推荐系统会将用户此前评论过的书籍作为依据，从其他书籍中找出并向其推荐相似度最高的书籍。这两种推荐方式的不同之处就在于，相似度以书籍内容，尤其是标题为基准，并非以使用数据为依据。在本例中，系统会将对第一本书推荐给第一个用户，之后推荐第五本书，这种推荐方式同样只向用户推荐最相似于其评论过的书籍的那两本书。

5.4　小结

本章研究相比于传统的基于向量空间模型的推荐算法进行了如下的优化，一方面通过筛选出权重较大的特征词及特征词向量作为最终的特征词，这既能很好地代表图书资源的特征，避免文本向量化时带来维度灾难的问题，又降低了计算的复杂度，提高了推荐模型的计算效率；另一方面从用户角度看，筛选出权重较大的特征词既可以更加准确地表达用户的兴趣，避免由于用户兴趣的泛化导致推荐范围过于宽泛，而失去个性化推荐的意义。最后的模拟测试结果也验证了模型的有效性。

第 6 章　基于协同过滤的个性化图书推荐

近年来，高校图书馆的建设得到了广泛的关注和重视，图书无论以何种形式呈现，其数量均得到了突飞猛进的增长。大量的信息令用户无法在短时间内找寻到所需的资源，读者在面对如此众多的图书资源时，陷入信息过载的困境之中。如何在图书馆服务中融入个性化推荐服务？这就必须以用户需求为出发点，考虑多方面因素，包括用户兴趣爱好的改变、图书评价信息、背景信息及借阅信息等，最大限度地获取用户的阅读兴趣与偏好信息，更好地为每一位读者提供更加专业、针对性强且富有个性化的各类图书推荐服务。

在众多的个性化推荐技术中，协同过滤（collaborative filtering，简称 CF）算法是人们目前研究最深入，应用最为广泛的推荐算法，在图书馆的个性化推荐应用中自然也得到了更多的关注。协同过滤推荐技术可以协同分析用户对图书的反馈、评价和意见，对大量的信息进行过滤，从中筛选出目标用户可能感兴趣的图书，快速地帮助用户找到适合的图书，大大节省了用户的选书时间。

6.1 协同过滤推荐技术

协同过滤推荐是推荐系统的首选模型，它是业界影响力最大、应用最为广泛的推荐技术。协同过滤推荐可以追溯到 1992 年 Xerox 研究中心推出的一种基于协同过滤的邮件系统，用以过滤一些用户不感兴趣的无用邮件，而真正让协同过滤大放异彩的是互联网电商巨头

Amazon 对协同过滤技术的深层次应用。

单从字面上理解，协同过滤指的是协同所有人的反馈、评价和意见一起对海量信息进行过滤，从中筛选出目标用户可能感兴趣的信息的推荐模型。协同过滤推荐技术的推荐过程如图 6–1 所示。

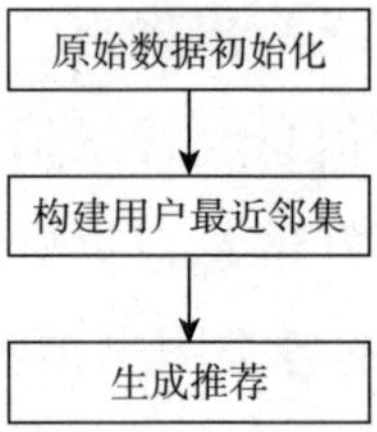

图 6–1　协同过滤推荐过程

传统的协同过滤推荐算法一般包括以下几个步骤：

（1）利用用户—项目的评分信息计算出用户之间的相似度。

（2）根据相似度大小进行排列构建出最近的邻集。

（3）不断分析和发现可能成为推荐用户的兴趣与偏好，在此基础上最终为其产生图书推荐结果。

基于模型的协同过滤推荐与基于内存的协同过滤推荐都属于协同过滤推荐，而后者又可细分为基于项目的协同过滤（item–based CF）推荐与基于用户的协同过滤（user–based CF）推荐，如图 6–2 所示。

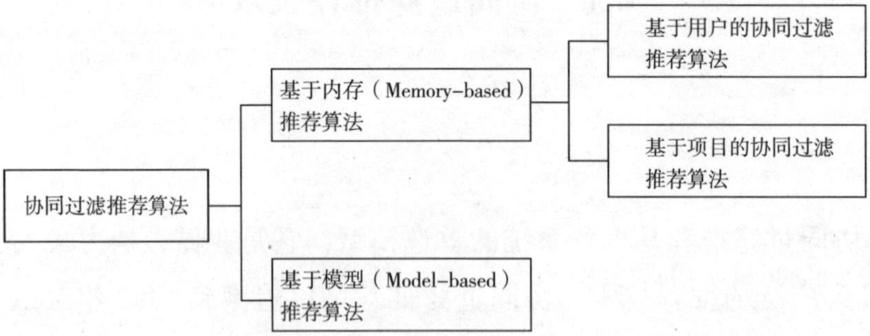

图 6–2　协同过滤推荐算法的分类

6.1.1　基于内存的协同过滤推荐

在基于内存（memory-based）的协同过滤推荐中，系统会充分利用收集和保存的用户—项目评分信息来预测用户对新项目的评分，其推荐方法主要是基于用户以往的兴趣偏好及其他兴趣类似的用户选择，向该读者进行的项目推荐。如图 6-3 所示，左图输入矩阵（input）用 $m \times n$ 的矩阵表示用户对物品的喜好情况，其中列用来代表某一物品，而行用来代表某一用户，因此要想表现用户 i 为物品 j 的具体评分情况，需要通过 U_{ij} 来表示。而评分也与用户对某一物品的喜好程度有着密切联系，通常来说，评分越高则代表喜好程度越高，若是用户从未购买过该物品则用 0 来表示。基于输入矩阵，协同过滤算法可以实现两种应用场景：一种是对用户从未评价过的某一物品可能会评出的分值的预测；另一种推荐是基于预测结果向用户推荐其最有可能感兴趣的某一个或是 Top-N 个物品。

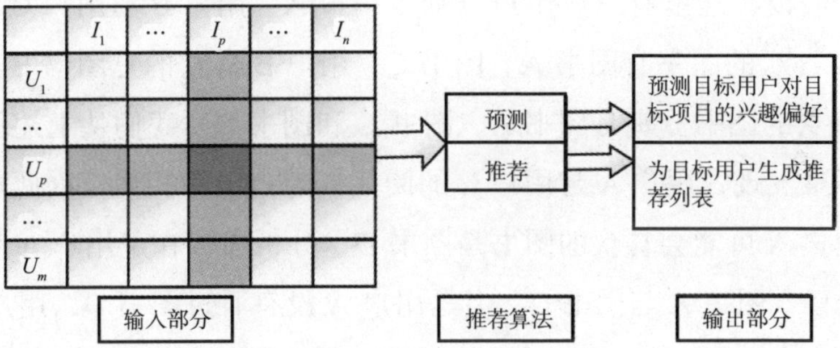

图 6-3　协同过滤算法基本思想

6.1.1.1　基于用户的协同过滤推荐

在收集到可以代表用户对项目（图书）的兴趣评分数据后，以用户为基础的协同过滤的出发点是与用户兴趣爱好相同的另一组用户，通过计算两个用户的相似度，然后根据目标用户的邻近者的兴趣爱好形成面向目标用户的图书推荐。通过用户访问互联网行为的相似性从而为对方推荐彼此可能会产生兴趣的各类资源，如图 6-4 所示：

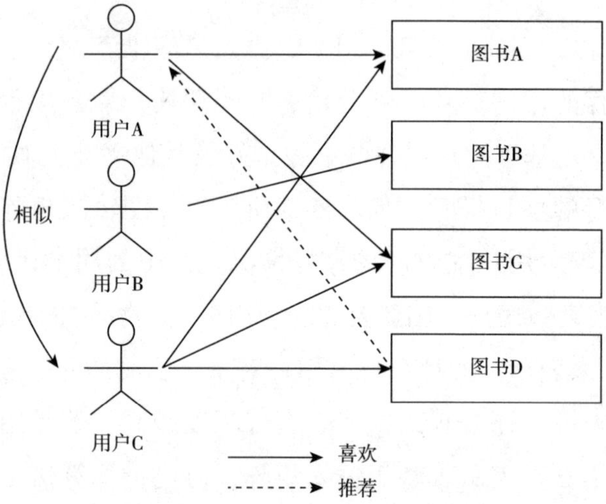

图 6-4 基于用户的协同过滤推荐

图 6-4 示意了在协同过滤推荐机制基础上的基本原理，我们可以做一个假设，这里有三位用户分别是用户 A、用户 B 与用户 C，其中用户 A 喜欢的图书有图书 A、图书 C，用户 B 喜欢的是图书 B。而用户 C 喜欢的图书分别是图书 A、图书 C 和图书 D。我们从上述历史信息中不难发现，用户 A 与用户 C 的阅读兴趣点极为相似，因此可以推断出用户 A 可能会喜欢的图书是图书 D，分析原因在于用户 A 与用户 C 同时喜欢图书 A 与图书 C，但是用户 A 没有看过图书 D，用户 A 极大可能会喜欢图书 D，因此便可以向其推荐图书 D 进行阅读。

在具体计算过程中，首先，用向量来表示用户对所有物品（图书）的偏好，并用户间的相似度可以选用相应的相似度计算公式求得；其次，根据目标用户与不同用户的相似度计算结果，遍历计算得出目标用户对未评分物品（图书）的预测分值；最后，根据目标用户对图书的预测评分，可以进行排序，选择其可能感兴趣的 *N* 本图书进行推荐，从而使整个推荐任务得以顺利完成。

6.1.1.2　基于项目的协同过滤推荐

用户协同推荐算法随着用户数量的不断增多，其计算量会指数级增加，导致计算时间更长。2001 年，Sarwar 提出了基于项目的协同过滤推荐算法，该方法存在一种假设，也就是说与某一用户曾经评分较高的项目极为相似的项目一定可以引起该用户的浓厚兴趣，因此要想了解用户之间的相似性，可以通过计算项目间的相似性。

先要计算已经评价过的项目（图书）和待预测项目（图书）的相似度，并以相似度作为权重，加权各已评价项目（图书）的分数，得到待预测项目（图书）的预测值。例如，要对图书 A 和图书 B 进行相似性计算，要先找出同时对图书 A 和图书 B 打过分的用户组合，发现不同项目（图书）间的相似度，然后结合以往用户的喜好信息将相似度高的项目（图书）推荐给该用户，如图 6–5 所示。

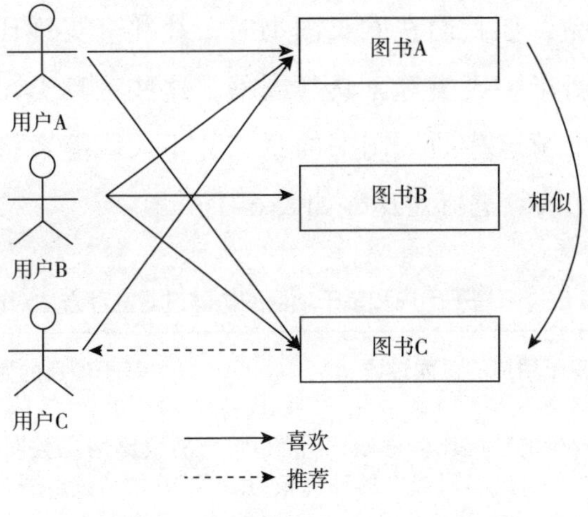

图 6–5　基于项目的协同过滤推荐

由图 6–5 可知，在项目的协同过滤推荐原理基础上，图书 A 与图书 C 都是用户 A 喜欢看的书，图书 A、图书 B、图书 C 都是用户 B 喜欢看的书，图书 A 则是用户 C 喜欢看的书，从上述用户的阅读偏好中推断出图书 A 与图书 C 比较类似，喜欢图书 A 的都喜欢图书 C，基于这个判断用户 C 可能也喜欢图书 C，所以推荐系统将图书 C 推荐给用户 C。

其中，对项目或图书之间的相似度计算，通常可以采用皮尔逊相关系数或者余弦相似度等方法进行计算。最终，根据目标项目中的具有相似性的项目展开排序，从中选取能够引起用户兴趣的项目进行推荐，实现完整的推荐任务。

6.1.1.3 两者的特点分析

基于用户的协同过滤推荐算法随着用户数量的与日俱增其计算量会快速增长，巨大的计算量成为一个必须面对的问题。而基于项目协同过滤推荐算法也存在其缺点。例如，一些非常流行的商品可能很多人都喜欢，但这种商品推荐给某个用户却可能完全不感兴趣，所以，计算的时候需要对这种流行性的商品加权处理或者剔除。另外，对于一些通用的物品，如我们在购买图书时，往往会买现代汉语词典、英汉双解词典、新华字典类等工具类图书，这些工具类图书非常普遍和通用，向用户推荐这些通用图书的意义并不大。笔者将这两种协同过滤推荐方法的优缺点进行对比，如表 6–1 所示。

表 6–1 基于用户和基于项目的协同过滤推荐方法对比

项目	基于用户的协同过滤	基于项目的协同过滤
性能	用户较少的情况比较适用，随着用户增多，用户间相似度的计算量代价很大	物品数比用户数明显要小的情况适用，随着物品数量增多，物品间相似度的计算量增大
内存	有比较强的时效性特点，用户个性化兴趣特点不太强烈	推荐物品中具有长尾特性，具有比较强烈的用户个性化需求
实时性	推荐结果不会随用户的新行为立刻发生改变	推荐结果一旦用户有新行为产生会随之发生改变

续表

项目	基于用户的协同过滤	基于项目的协同过滤
冷启动	由于用户间的相似度计算是离线计算，而且具有一定的更新时间间隔，如果新用户的行为数据很少，则很难对其进行个性化的推荐；当新物品上线一段时间累积了用户对该物品的行为数据后，就可以将新物品推荐给那些对它产生行为的用户兴趣相似的其他用户	只要新用户对一个物品进行过操作，就完全可以根据该操作向给他推荐和该物品比较相似的其他的物品；当新物品加入时，如果没有对物品间相似度的更新，就不可能把该新物品推荐给用户
推荐理由	推荐结果的可解释性不太强	由于推荐结果是根据用户的历史行为得出的，推荐结果的可解释性较强，用户比较能接受

6.1.1.4　基于内存的协同过滤推荐的关键技术

由上所述可以看出，在用户与项目的协同过滤基础上的两类算法在原理方面存在一定的相似性，其中关键的技术是用户相似度或项目相似度的计算、项目评分预测和最终推荐效果的评判。

（1）相似度计算。目前，有关相似度的计算方法大多是在向量（vector）基础上进行的，从本质上来看，就是对不同向量之间距离的一种计算，并且二者之间的距离能够反映出其相似度的程度大小，通常而言，距离越近证明相似度越高，反之则相似度越低。在进行相似度计算时，我们可充分利用用户—项目评分的二维矩阵的数据，以所有用户对某一项目的评分作为一个向量，对不同物品间的相似度加以计算，同样也可以某一用户对所有项目的评分作为一个向量，对不同用户间的相似度加以计算。

在协同过滤推荐技术的具体应用过程中，一般需要从数据角度出发，选择与之相匹配的相似度计算方法，目前使用较多的相似度算法有皮尔逊相关系数（Pearson correlation coefficient）、余弦相似度

（Cosine-based similarity）、欧几里得距离（Euclidean distance）等。

皮尔逊相关系数的计算公式如下所示：

$$s(u,v)=\frac{\sum_{i\in I_u\cap I_v}(r_{u,i}-\bar{r}_u)(r_{v,i}-\bar{r}_v)}{\sqrt{\sum_{i\in I_u\cap I_v}(r_{u,i}-\bar{r}_u)^2}\sqrt{\sum_{i\in I_u\cap I_v}(r_{v,i}-\bar{r}_v)^2}} \quad (6-1)$$

式中：i——项，如商品；

I_u——用户 u 评价的项集；

I_v——用户 v 评价的项集；

$r_{u,i}$——用户 u 对项 i 的评分；

$r_{v,i}$——用户 v 对项 i 的评分；

$\bar{r}_v$——用户 v 的平均评分；

$\bar{r}_u$——用户 u 的平均评分。

另外，余弦相似度的计算公式如下所示：

$$s(u,v)=\frac{r_u\cdot r_v}{\|r_u\|_2\|r_v\|_2}=\frac{\sum_i r_{u,i}r_{v,i}}{\sqrt{\sum_i r_{u,i}^2}\sqrt{\sum_i r_{v,i}^2}} \quad (6-2)$$

最初计算欧几里得距离主要是用来计算欧几里得空间内两点间的距离，若是将空间中的两点分别设为 x、y，欧几里得空间就是 n 维空间，二者间的距离表示为：

$$d(x,y)=\sqrt{\sum(x_i-y_i)^2} \quad (6-3)$$

使用欧几里得距离来进行相似度计算时，一般会采用以下的转换公式进行转换：

$$sim(x,y)=\frac{1}{1+d(x,y)} \quad (6-4)$$

（2）用户评分预测。用户评分预测是基于内存的协同过滤算法中的重要环节，即计算用户 u 对未评分项目的预测分值。先根据前面介绍的相似度计算结果，寻找用户 u 的近邻集 $N\in U$，其中 N 表示近邻集，U表示用户集。接下来，利用项目—评分矩阵中的用户评分数据，计算出用户 u 对项 i 的预测评分 p，计算公式如下所示：

$$p_{u,i}=\bar{r}_u+\frac{\sum_{u'\in N}s(u,u')(r_{u'i}-\bar{r}_{u'})}{\sum_{u'\in N}s(u,u')} \tag{6-5}$$

式中：$s(u,u')$——用户 u 和用户 u' 的相似度。

（3）推荐效果评判。在实际应用中，不论选择基于用户的协同过滤推荐方法，还是选择基于项目的协同过滤推荐方法，通常有以下评判标准。

第一，准确率。基于内存的协同过滤推荐方法的准确程度，取决于项目数量与用户的比率。例如，在用户协同过滤基础之上的推荐方法中，决定一个用户近邻的相似性通常通过比较这些用户在同一个项目上的评分获得，因此若可用于计算相似度的公共评分的样本数量较少，则推荐结果准确率就越差。通常，当用户数远大于项目数时，在项目协同过滤推荐法的基础上会形成较之以往更加精准的物品（图书）推荐。反之，基于用户的协同过滤推荐方法效果更佳。

第二，效率。推荐系统的内存和计算效率同样依赖于用户和项目数量的比率。因此，当项目数量小于用户数量时，基于项目的协同过滤推荐方法所需要的内存以及进行相似度计算的开销都要小于基于用户的协同过滤推荐方法的资源消耗。但是，在推荐阶段的时间复杂度上两个方法是相同的，因为它仅依赖于可用项目的数量和邻居的最大值。

第三，稳定性。具体到如何选择基于项目协同过滤的推荐方法还是基于用户协同过滤的推荐方法时，其实更多的还需要考虑系统中用户或者项目数量的变化和变化的频率。如果项目数量比较稳定的话，选用基于项目的协同过滤推荐方法较好，反之亦然。

第四，合理性。为了便于向用户解释推荐结果的理由，选择基于项目协同过滤的推荐方法更加适合。相比较而言，在用户协同过滤基础上的推荐方法就不太理想，因为用户并不认识这些“邻居”。

第五，意外发现率（长尾发现能力）。基于项目的协同过滤推荐方法向用户推荐的一般都是该用户曾经有兴趣或者喜好的项目的类似项目，因此，很难发现那些不同类型或不同特点的项目。基于用户的协同过滤推荐方法是利用用户间相似度来进行推荐，因此更有可能做出令人意外的推荐。

6.1.2 基于模型的协同过滤

相较于直接把相似用户或项目的评分拿来预测的基于内存协同过滤基础上的推荐方法，在模型协同过滤基础上的推荐方法是通过用户给项目的评分信息，学习一个可预测的模型。主要思路是使用属性构建用户和项目之间的联系，其属性代表用户和项目的潜在特征。例如，用户喜爱的项目类别和项目所属的类别。这种模型通过训练数据，预测用户对新项目的评分。用于解决推荐任务的基于模型的推荐方法有很多，其中包括奇异值分解（singular value decomposition）、隐语义模型（LFM latent factor mode，LFM），最大熵（maximum entropy），玻尔兹曼机（boltzmann machines），支持向量机（support vector machine，SVM）等。

6.1.2.1 奇异值分解

奇异值分解是基于模型的协同过滤中常见的方法，其主要思想是结合现有的评分情况，将不同项目中每个因子的包含程度以及项目中每个因子的喜好程度进行分析，之后基于该模型对项目进行预测评分。

假设我们有多个不同的用户对各个不同项目的评分矩阵 $\boldsymbol{V}$，奇异值分解最终就是找到两个矩阵：$\boldsymbol{U}$ 和 $\boldsymbol{M}$，其中 $\boldsymbol{U}$ 表示用户和特征因子直接的联系，矩阵 $\boldsymbol{M}$ 表示项目与特征因子之间的联系，即满足下式：

$$V = U^{\mathrm{T}} M \tag{6-6}$$

在算法实际求解 $\boldsymbol{U}$ 和 $\boldsymbol{M}$ 时，则可以通过定义好目标函数，并以机器学习的训练过程来寻找最佳的 $\boldsymbol{U}$ 和 $\boldsymbol{M}$，目标函数如下所示：

$$E = \frac{1}{2}\sum_{i=1}^{n}\sum_{j=1}^{m} I_{ij}\left[V_{ij} - p\left(\boldsymbol{U}_i, \boldsymbol{M}_j\right)\right]^2 + \frac{k_u}{2}\sum_{i=1}^{n}\left\|U_i\right\|^2 + \frac{k_m}{2}\sum_{j=1}^{m}\left\|M_j\right\|^2 \tag{6-7}$$

式中：$p(U_i,M_j)$——使用 $\boldsymbol{U}$ 和 $\boldsymbol{M}$ 矩阵，用户 i 对项目 j 的评分预测值。

因此可见，该目标函数实际为最小化平方误差，然后加入正则项构建而成。这样就将该问题变成了机器学习中常见的目标函数优化问题，可以通过评分矩阵作为训练数据进行求解。

奇异值分解比较好地解决了矩阵分解的问题，但是也存在两方面的缺陷，使它不适宜作为互联网场景下矩阵分解的主要方法。

（1）奇异值分解要求原始的评分矩阵是稠密的。互联网场景下大部分用户的历史行为非常少，用户—项目的评分矩阵非常稀疏，这与奇异值分解的应用条件相悖，如果应用奇异值分解，就必须对缺失的元素值进行补充。

（2）传统奇异值分解的计算复杂度达到了 O（mn_2）的级别，这对于项目数量动辄上百万，用户数量超千万的互联网场景是难以接受的。

6.1.2.2　隐语义模型

机器学习算法中的常见算法中就包括隐语义模型，在此算法中项目与用户间存在着隐含关联，并借由隐含因子使其产生联系，但是有时候我们很难准确地描述隐含因子的含义或实际意义。如何找到合适的隐含因子，其实就是要让目标函数实现最优，在推荐中通过数据不断训练。通常来说，在样本用户喜好信息基础上，训练出一个推荐模型，之后结合当下用户的偏好信息展开新项目的预测评分，最终求得推荐结果，称为隐语义模型。其目标是挖掘隐藏特征，即使用偏好数据训练模型，找到其中存在的某些规律，再利用模型进行结果预测。

主要的实现过程就是通过矩阵分解进行降维分析，通过矩阵分解之后的矩阵代表了用户和项目的隐藏特征，使得两个矩阵的乘积近似等于最初的用户和项目评分矩阵。

在图书的个性化推荐时，隐语义模型的原理就是结合读者已有的行为将其喜好信息与特征分析出来，在向其推荐图书时可以更有针对性，效果也更为理想。例如，《一帘幽梦》属于琼瑶的言情小说，对于喜欢看言情小说的读者 A 而言最合适不过，而对于热爱武侠小说的读者 B 而言，《笑傲江湖》这本金庸的武侠小说则更为合适。在这样的个性化推荐中隐语义模型依据的隐含特征是“兴趣”，使得图书与读者形成关联的关键便是“兴趣”。隐语义模型的一个显著特点是可以对用户的评分矩阵进行分解，具体可以分解为物品与隐含因子相互关联的矩阵，以及隐含因子与用户相互关联的矩阵。隐语义模型矩阵分解情况如图 6–6 所示。

用户	项目			
	项目1	项目2	项目3	项目4
用户1	R_{11}	R_{12}	R_{13}	R_{14}
用户2	R_{21}	R_{22}	R_{23}	R_{24}
用户3	R_{31}	R_{32}	R_{33}	R_{34}

用户	类别		
	类别1	类别2	类别3
用户1	P_{11}	P_{12}	P_{13}
用户2	P_{21}	P_{22}	P_{23}
用户3	P_{31}	P_{32}	P_{33}

类别	项目			
	项目1	项目2	项目3	项目4
类别1	Q_{11}	Q_{12}	Q_{13}	Q_{14}
类别2	Q_{21}	Q_{22}	Q_{23}	Q_{24}
类别3	Q_{31}	Q_{32}	Q_{33}	Q_{34}

$$\boldsymbol{R}=\boldsymbol{P}\times\boldsymbol{Q}$$

图 6–6　隐语义模型矩阵分解

如图 6–6 所示，用户评分矩阵用矩阵 $\boldsymbol{R}$ 来表示，兴趣度为 R_{ij} 代表的是 User_i 对 Item_j 的感兴趣程度，而用户对不同项目类别的喜好度则用矩阵 $\boldsymbol{P}$ 来表示，P_{ij} 表示在上图中 User_i 对 Class_j 的偏好，而不同项目在不同类别中的信息矩阵则用矩阵 $\boldsymbol{Q}$ 来表示，Q_{ij} 用来表示 Item_j 在 Class_j 中所占的权重。总而言之，隐语义模型就是要将 $\boldsymbol{Q}$ 与 $\boldsymbol{P}$ 的乘积构成矩阵，再借助项目的分类将 Item 与 User 联系起来。

用户对项目的喜好程度可以通过上述的矩阵转换得到，具体公式如下：

$$R(u,i)=\sum_{k=1}^{K}P_{u,k}Q_{i,k} \tag{6-8}$$

式中：$P_{u,k}$——第 k 个隐类与用户 u 的关系；

$Q_{i,k}$——项目 i 与第 k 个隐类的关系；

R——用户 u 对项目 i 的喜好度；

K——隐类的数量。

如何找到最好的分解方式，让分解之后的预测评分矩阵误差最小成为该模型的关键。通常会使用平方损失函数，并且加入正则化项，以防止过拟合，具体公式如下：

$$C=\sum_{(u,i)\in R_0}\left(R_{ui}-\hat{R}_{ui}\right)^2+Reg=\sum_{(u,i)\in R_0}\left(R_{ui}-\boldsymbol{P}_u^{\mathrm{T}}\cdot\boldsymbol{Q}_i\right)^2+\gamma\left(\sum_u\|\boldsymbol{P}_u\|^2+\sum_i\|\boldsymbol{Q}_i\|^2\right) \tag{6-9}$$

式中：$\gamma\left(\sum_u\|\boldsymbol{P}_u\|^2+\sum_i\|\boldsymbol{Q}_i\|^2\right)$——正则化项，$\gamma$可以通过交叉验证得到；

$\boldsymbol{P}$，$\boldsymbol{Q}$——矩阵分解后的用户和项目的隐藏特征。

在后续的计算中，则以上式损失函数为目标开展优化求解。

常见的最小化过程求解包括有随机梯度下降算法、模型求解算法、交替最小二乘法（ALS alternating least square）等。其中交替最小二乘法较为常用，它的基本思想是：由于两个矩阵 $\boldsymbol{P}$ 和 $\boldsymbol{Q}$ 都是未知，且通过矩阵乘法耦合在一起，为了使它们解耦，可以先固定 $\boldsymbol{Q}$，把 $\boldsymbol{P}$ 当作变量，通过损失函数最小化求出 $\boldsymbol{P}$，再反过来固定 $\boldsymbol{P}$，把 $\boldsymbol{Q}$ 当作变量，求解出 $\boldsymbol{Q}$，如此交替执行，直到误差满足阈值条件，或者到达迭代上限。

降维评分矩阵可以通过隐语义模型得以实现，与基于近邻推荐算法相比，隐语义模型不存在较大的空间复杂度。其应用范围相对较广，并且也做出了一些突出的贡献，但是不可否认也存在着某些缺陷与不足，具体有以下两方面：

（1）不能有效地解决用户冷启动问题。需要借助用户对图书的评分矩阵来完成图书推荐是利用隐语义模型实现推荐的基础，对于新用户而言，在没有任何评分记录的情况下，很难向其进行合理的图书推荐。

（2）实时进行推荐比较困难。隐语义模型的工作原理是在所有用户记录扫描的基础上才可以求得分解矩阵，并且这个过程需要经过反复迭代，并且耗时较长，因此实时训练无法实现，也就无法做到用户改变推荐结果随着用户的变化而随之进行相应调整，所以，要为用户进行实时推荐是比较困难的。

6.2　基于用户的协同过滤算法流程

在本节中，主要向大家介绍基于用户的协同过滤推荐算法，来阐述个性化推荐的实现步骤。要实现基于协同过滤的推荐算法，需要进行以下三个步骤：用户—项目评价数据的收集与整理、相似用户或物品的计算、推荐结果的计算。

如 6.1 内容中介绍，根据协同过滤算法需要输入矩阵，其中用户对项目的感兴趣程度可以通过 $\boldsymbol{R}=m\times n$ 的矩阵来表示，这里的行表示一个用户，列表示一个项目。r_{ij}是用户 i 对项目 j 的评分，m 为用户数，n

为项目数，– 为缺失值。

$$R=\begin{bmatrix} r_{11} & r_{12} & \cdots & - \\ r_{21} & - & \cdots & r_{2n} \\ \vdots & \cdots & \cdots & \vdots \\ r_{m1} & r_{m2} & \cdots & r_{mn} \end{bmatrix}$$

在实际应用中，多数场景并不一定有直接的一种来自用户的项目评分评价，故需要借由以往的行为数据进行收集与整理。例如，用户的购买历史、关注、收藏行为、或者发表了某些评论等，都可以用来作为用户对于项目的喜好程度而作为评价数据使用。需要特别指出的是，其准确性因数据的不同而发生改变时，在具体应用过程中应当充分考虑噪声数据的实际影响。用户提供个人喜好信息的途径与方式多种多样，并且受到具体应用的影响，表 6-2 整理了用户偏好信息收集的不同数据维度及特征、作用，可以根据具体的场景中所拥有的用户行为数据，开展针对性地收集整理。

表 6-2　用户偏好信息的收集

用户行为	类型	特征	作用
评分	显式	偏好的整数量化表示，取值范围往往是 [0，n]；n 取值大多数情况下为 5 或者是 10	用户对物品的显式评分能够比较准确地反映出用户的偏好情况
投票	显式	偏好的布尔量化表示，取值是 0 或者 1	用户对某物品进行投票，在一定程度上可以反映出用户对该物品的关注
转发	显式	偏好的布尔量化表示，根据是否转发其取值是 0 或者 1	用户对物品的转发表明用户对于该物品具有比较强的关注，转发表示了其分享意愿，因此也可以比较好地反映其偏好

续表

用户行为	类型	特征	作用
书签保存	显式	偏好的布尔量化表示，根据保存与否其取值是 0 或者 1	用户对物品进行书签保存表明用户关注该物品，因而也反映出用户对该物品的偏好
书签标记（Tag）	显式	主要是通过对用户自身标签关键词进行分析得到用户的偏好	不同的用户标签反映出用户对不同物品的喜好情况，通过分析用户标签的关键词，可以分析出用户对某一物品或者某一类物品是喜好还是厌恶
评论	显式	通过用户提交的评论得到用户的喜好，当然需要对评论进行关键词分析	用户提交的评论往往反映出用户对物品的情感，所以可以通过关键词得出用户是喜好还是厌恶的情感
点击流（查看）	隐式	用户是否点击反映用户对物品感兴趣与否	当用户点击某物品时在某种程度上反映了用户对该物品的关注。因此是否点击可以从一定程度上反映出用户对物品的喜好情况
页面停留时间	隐式	用户在页面停留时间长，反映出用户对该页面物品的关注度比较高，但是网页停留时间的噪声数据比例比较大，如何去噪得到相对准确的用户偏好相对比较困难	用户在某一页面停留时间在某种程度上反映了用户对相应物品的关注和喜好，但噪声数据量偏大，如何利用是个问题
购买	隐式	偏好的布尔量化表示，根据是否购买物品其取值是 0 或者 1	当用户购买了物品是用户对物品强烈兴趣的表示，所以该数据还是比较重要的

（1）用户相似度计算。如上述内容所示，我们要想算出用户间的相似度其方法多种多样，比较常见的有余弦相似度、皮尔逊相关系数、杰卡德相似度等。实际评分中有可能出现两个不同用户对模型中的某一项评分分值差别较大，但余弦相似度的值却很高的情况，从而会造成计算的误差。另外，皮尔逊相关系数是余弦相似度在维度值缺失情

况下的一种改进。皮尔逊相关系数是用以表示两个向量的线性相关程度。当两个向量越接近时，系数就越接近 1 ，可以称为正相关；而当两个向量越远的时候，其系数值越接近 -1，说明两个向量之间存在负相关的关系；如果两个向量的相关系数为 0，则表示两个向量之间没有相关性。对于用户—项目评分矩阵的相似度计算，通常通过皮尔逊相关系数求得，其计算公式如下所示：

$$s(u,v)=\frac{\sum_{i\in I_u\cap I_v}(r_{u,i}-\bar{r}_u)(r_{v,i}-\bar{r}_v)}{\sqrt{\sum_{i\in I_u\cap I_v}(r_{u,i}-\bar{r}_u)^2}\sqrt{\sum_{i\in I_u\cap I_v}(r_{v,i}-\bar{r}_v)^2}} \tag{6-10}$$

通过皮尔逊相关系数在不同用户之间的计算，我们最终可以输出不同用户之间的相似度矩阵 $\boldsymbol{W}$，其中 w_{uv} 是两个不同用户 u 和 v 的相似度。

$$\boldsymbol{W}=\begin{bmatrix} w_{11} & w_{12} & \dots & w_{1n} \\ w_{21} & w_{22} & \dots & w_{2n} \\ \vdots & \dots & \dots & \vdots \\ w_{m1} & w_{m2} & \dots & w_{mn} \end{bmatrix}$$

（2）求取 Top-k 近邻。从用户的相似度矩阵 $\boldsymbol{W}$ 中，对与目标用户相似的其他用户按照相似度从高到低排序，得到与目标用户最相似的 Top-k 用户，我们称为 k 近邻。

（3）目标用户偏好预测。为了预测到目标用户的喜好，需要通过了解与目标用户相似用户的历史评价与评分得以实现。运用最多的方法就是利用用户相似度和相似用户对某一物品评分或者评价的加权平均预测出目标用户可能的评分或者评价。因为部分用户喜欢打高分，有的用户则习惯进行低分评价，因此我们通过用户对某物品的评分与此用户的所有评分的差值进行加权平均，这种评分预测方法综合考虑了用户评分标准不一的情况，相对来讲是比较合理的。

$$r_{ui}=\overline{r_u}+\frac{\sum_{v\in S(u,k)\cap U_i} w_{uv}(r_{vi}-\overline{r_v})}{\sum_{v\in S(u,k)\cap U_i} w_{uv}} \tag{6-11}$$

式中：U_i——对物品 i 打过分的用户集合；

r_{vi}——用户 v 对项目 i 的评分；

$\overline{r_v}$——用户 v 的平均评分。

（4）推荐结果输出。根据目标用户对不同物品预测评分值进行从高到低排序，将排名靠前的 N 个物品推荐给目标用户。

6.3　基于用户协同过滤的改进算法

6.3.1　基于综合相似度的改进

用户相似度的计算不能仅考虑用户过往的数据，如用户对图书借阅的记录，还应该考虑包括用户的性别、年级、专业等用户属性特征的相似度计算问题。例如，男、女生在图书借阅过程中喜爱的图书类型是不一样的，以文学类的图书借阅为例，男生往往更喜欢武侠、科幻类小说，而女生则大多对于言情类小说更有兴趣。另外不同的年级对于专业类书籍借阅也是有差别的，低年级的学生往往对专业基础类的图书借阅得相对较多，而即将毕业的学生则对与未来岗位相关的专业拓展类图书更加关注。

设用户 u 的用户属性为 $\mathrm{Attr}_u=\{a_{u1},a_{u2.},\cdots,a_{um}\}$，其中 m 为属性的个

数，若用户 u 和 v 的第 i 个属性相同，则是有 $sim_{\mathrm{Attr}}(u,v,i)=1$，否则 $sim_{\mathrm{Attr}}(u,v,i)=0$，用户 u 和 v 的属性特征相似度可以表述为：

$$sim_{\mathrm{Attr}}(u,v)=\sum_{m\in\mathrm{Attr}} w_i \times sim_{\mathrm{Attr}}(u,v,i) \tag{6-12}$$

由于用户的不同属性特征对用户相似度的影响是不同的，有的属性影响比较大，而有的影响则要小一些，因此，要给不同的属性相似度设置不同的权重值，并根据推荐结果动态调整不同用户属性相似度的权重值。

由此可见，我们在计算最终的用户相似度时，必须综合考虑用户借阅图书信息得到的评分相似度 $sim_{\mathrm{rate}}(u,v)$ 和由不同属性特征计算得到的用户属性相似度 $sim_{\mathrm{Attr}}(u,v)$。用户综合相似度 $sim_{\mathrm{com}}(u,v)$，既考虑了用户借阅图书兴趣的因素，也兼顾了用户属性特征的因素。这样的综合相似度能更准确、更加全面地反映出用户的真实需求和对某一项目的兴趣情况。综合相似度计算公式如下：

$$sim_{\mathrm{com}}(u,v)=\delta sim_{\mathrm{pcc}}+(1-\delta)sim_{\mathrm{Attr}}(u,v) \tag{6-13}$$

式中：δ——用户借阅图书信息相似度的权重系数，该系数可以根据实际情况进行动态调整以获取最佳取值。

将用户属性特征相似度与用户评分相似度融合成用户综合相似度之后，算法流程如图 6-7 所示：

输入：用户属性信息、用户评分矩阵

输出：目标用户的推荐集合

对于系统的冷启动问题，当一个新用户注册成功之后，由于没有该用户的历史行为数据，也就很难对其进行个性化推荐。因此，在用户注册的时候除了提交基本的人口统计信息之外，可以在新用户注册时让新用户选择他感兴趣的内容或者内容标签，这样就可以从用户最初提交的感兴趣内容标签对其进行最初的推荐。当然最简单的方式是直接进行热门排行项目的推荐，可以将当前排名前20的图书推荐给新用户，随着新用户的行为数据的不断累积，通过协同过滤推荐系统给出的推荐结果也会越来越令用户满意。

而对新项目，如新的图书采购入库，可以通过构建项目特征向量和用户特征向量，通过计算两个向量之间的相似度，将相似度大的新图书推荐给用户。

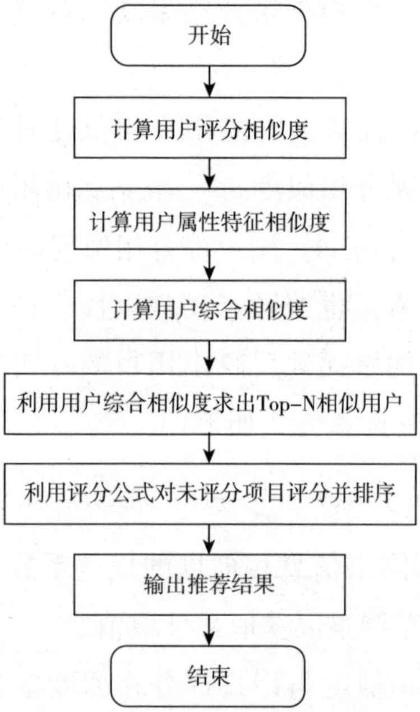

图6-7　基于综合相似度的改进方法

6.3.2　实验结果分析

6.3.2.1　测试数据集

为了验证改进算法的有效性，笔者选择了book-crossing数据集进行仿真测试，该数据集是由Cai-Nicolas Ziegler在2004年从bookcrossing网站上抓取的，共包含了278 858个用户信息、1 149 780

个评分及 271 379 个书籍信息，数据集中包含了三类数据，分别是用户信息，包括用户 ID、地区、年龄等信息；图书信息则包含了 ISBN 码、书名、出版日期和出版社等信息；书籍的评分信息包含了用户对书籍的评分，评分信息的数字在 1 ～ 10，数字越大评分越高，没有评分信息的为 0。

6.3.2.2　评价标准

为了对改进算法的有效性进行准确评价，我们采用平均绝对偏差 *MAE* 作为测试验证的评价标准，*MAE* 反映了实际评分值与预测评分值之间的差距，两者之间的差距越小则推荐有效性越高。假设推荐系统的预测评分值集合为 $\{p_1, p_2, \cdots, p_n\}$，用户实际的评分值集合为 $\{q_1, q_2, \cdots, q_n\}$，则 *MAE* 的计算公式可以表示如下：

$$MAE = \frac{\sum_{I=1}^{N} \left| p_i - q_i \right|}{N} \tag{6-14}$$

式中：N——测试集大小；

p_i——推荐算法给出的评分预测值；

q_i——用户的实际评分值。

6.3.2.3　结果分析

从测试集的测试结果表明，综合用户属性特征与用户评分的计算用户综合相似度，并以此为基础进行基于用户协同过滤（User-based CF）的改进方法要比仅考虑了用户评分的协同过滤方法效果要好，如图 6-8 所示。在不同的 Top-K 近邻情况下的 *MAE* 值都有了一定程度的下降，从而也验证了改进算法的有效性、提高了准确度。

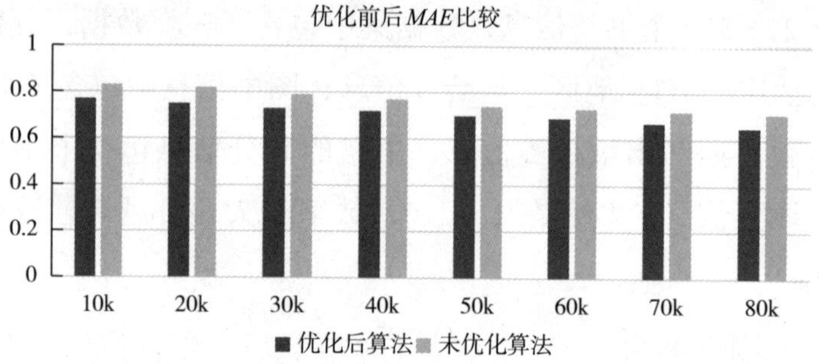

图 6-8　模拟数据验证结果

6.4　小结

本章主要介绍了基于协同过滤推荐的概念及其分类情况，分析了实现基于内存协同过滤推荐的重要技术，然后重点对用户协同过滤算法的推荐流程进行了分析和研究，通过引入用户属性相似度等多种相似度来求取综合相似度实现对算法的改进，测试结果也显示改进方法具有较好的执行效果。

第 7 章　基于知识图谱的个性化图书推荐

7.1　知识图谱概述

7.1.1　知识图谱的概念和定义

2012年5月16日，基于知识图谱的新一代智能搜索技术在Google平台发布。在人工智能与用户需求的共同推动下，知识图谱在智能搜索领域的应用得以诞生。传统的搜索引擎虽然解决了用户获取信息的难题，但在搜索准确度方面存在一定缺陷，主要是源于HTML形式的网页缺乏语义，难以被计算机所理解。而随着科学技术的不断发展，人工智能技术的出现，使搜索引擎智能化，通过知识图谱与自然语言处理等技术，让用户在获取信息的准确性方面有了保障，在很大程度上提高了用户的搜索体验与搜索质量。目前，人工智能有两大类型，一种是感知智能，另一种是认知智能。其中感知智能包括视频识别、图像、语音、文字等，认知智能主要涉及因果分析与知识推理等。知识图谱技术则是认知智能应用领域的具体体现，因其丰富的关系互联、语义处理的能力，成了信息应用智能化道路上的重要基石。

从本质上来说，知识图谱是一种基于有向图的数据结构，其构成要素为节点与边。若是将这些节点与边对应到现实生活中则分别代表着各类实体、概念及这些概念与实体之间的关联。具体而言，实体间的联系即可视为关系，而独立存在的某一事物则可视为实体。在知识图谱中，不同的节点都存在着无法预估的属性值与属性，一般来说，由不同节点间的边代表实体之间的关系，以边上的标记代表关系的类型，以边指向的方向代表关系的方向。我们可以通过 $G=(E, R, S)$ 来表示知识图谱，其中实体集合通过 $E=(e_1,e_2,\cdots,e_m)$ 来表示，关系集合则通过 $R=(r_1,r_2,\cdots,r_n)$ 来表示，S 表示实体—关系—实体三元组的集合。知识图谱的实体与关系如图 7–1 所示。

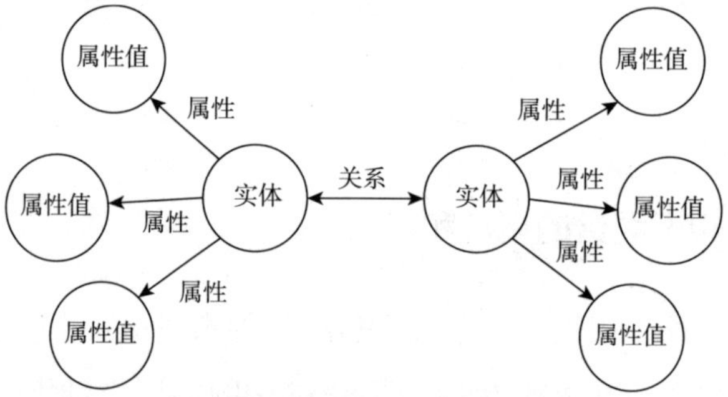

图 7–1　知识图谱的实体与关系

由图 7–1 可知，属性、概念与实体分别代表着知识图谱中的三种节点。其中，实体—属性—属性值、实体 A—关系—实体 B 都是三元组的基本形式，而正是各种不同的三元组最后共同构成了知识图谱。知识图谱中有若干的基本概念，具体内容如下：

（1）关系指的是属性值、语义类、实体等各个图节点之间的关联。

（2）实体指的是某一种区别于其他事物且独立存在的事物。例如，某一人物：邓亚萍、李宁等；某一国家：中国、意大利等；某本书籍：《道德经》等。

（3）属性指的是实体的具体特性，如出版社、编辑、嗜好、职业等。

（4）属性值指的是不同实体中某一属性的实际值。例如，《道德经》的作者是老子，其中作者是《道德经》的属性，老子则代表属性值；珠穆朗玛峰的高度是 8 848.86 米，其中高度是珠穆朗玛峰的属性，8 848.48 米则代表属性值。

（5）概念指的是由同一种实体共同组成的集合，如绘本、专著、人类、民族等。

在上述概念的基础上，我们能够通过对图书知识图谱的构建作进一步的阐释，图书知识图谱示例如图 7-2 所示。

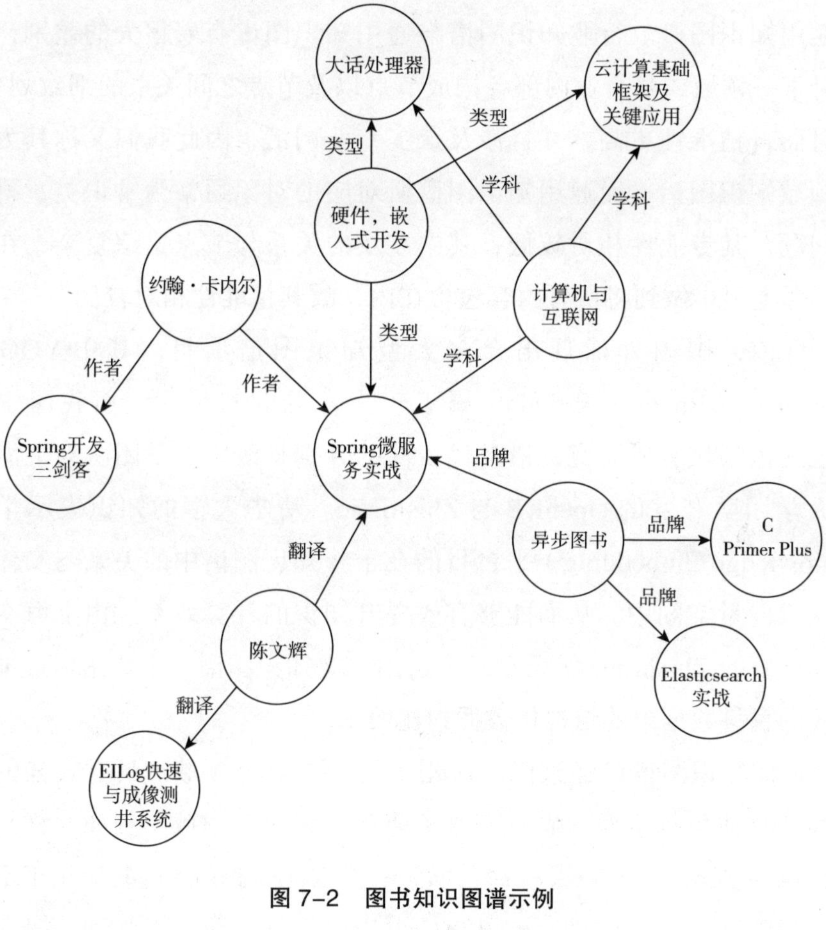

图 7-2　图书知识图谱示例

在图 7-2 中，通过“作者”关系将《Spring 微服务实战》与约翰·卡尔内相互关联起来，使得三元组信息得以建立。不同的三元组之间彼此关联，最终共同形成了一个完整的知识图谱。我们可以发现，在上述知识图谱中，语义越相近的两本图书，两者之间的距离就越接近，内容相似度也更高。

7.1.2 知识图谱研究现状

按照应用可以将知识图谱划分为两种类型，分别为行业知识图谱与通用知识图谱。行业知识图谱与通用知识图谱有着很大的差别，它是对某一领域或是行业内部各构成节点以及节点之间关系的细致划分，相对而言精准性更高，并且涉及众多专业词汇，因此我们又称其为垂直领域知识图谱；而通用知识图谱所对应的对象通常为常识类、科普类问题，其专业性相对较低，其中涉及的关系与节点错综复杂，在单个问题上很难做到将所有内容包含在内，故其精准性相对较低。

目前，国内外涌现出众多大型知识图谱项目，其中YOGA、Freebase、DBpedia、Wikidata属于较为常见的知识库。而我国学术界也在该领域有所研究，最具代表性的分别是清华大学团队与上海交通大学团队开发的OpenKE与Zhishi.me。清华大学的知识表示学习（Knowledge Embedding）平台目的在于将知识图谱中的关系与实体嵌入低维向量空间中，从而能够有效提升知识的计算效率。由上海交通大学开发的Zhishi.me实质是一个通用中文知识图谱，主要是通过抽取开放的百科数据中的结构化数据构建而来。

目前知识图谱已经被广泛应用于社会的各个领域，具有较强的专业性，具体包括金融、农业、电子商务、医疗等领域。例如，食品消费领域的Food Wiki以及生命科学领域的Know Life。这些应用于不同行业或领域的知识图谱，可以为广大用户提供专业性更强的信息，在知识图谱中表现为语义关联错综复杂并且语义特征联系紧密，能够在单独的知识图谱中形成专业性的闭环。

7.2　知识图谱构建流程及关键技术

7.2.1　知识图谱的构建过程

从本质上看，知识图谱就是一个知识库，而这些知识库是由大量数据组成的，我们将构成数据的每一条知识拆分为［主语，谓语，宾语］，这些被拆分的［主语，谓语，宾语］则成为知识图谱中的三元组，然后将这些三元组按照一定的逻辑存储起来并且具有一定的表示意义。一般而言，从本体论的角度出发，构建数据的组织方式，明确对象的属性，描述不同数据间的关系就是知识图谱的数据模式，而数据的内在特征与不同数据间的关系特征均可以通过不同的数据模式体现出来。根据数据模式组合在一起的知识便是数据层，若是将知识图谱比作人，那么数据层就是人体的肌肉，而数据模式则是人体的骨架，二者共同构成了一个完整的人体。在构建知识图谱时，按照具体数据与数据模式的确定顺序将知识图谱的构建方式划分为两大类。

（1）自顶向下的构建方式。这种构建方式是首先确定数据构建方式，然后根据构建方式的特征去组织具体数据，换言之，就是确定知识图谱的数据范围及数据之间的关系与组织方式。由于社会中各个行业的组织方式与数据相对确定，组织形式也比较清晰，因此，自顶向下的构建方式较适用于行业知识图谱的构建。例如，对人物进行分类，再进一步确定不同人物的各类关系，如是敌对关系还是朋友关系，或者是亲戚关系等，根据这些关系确定数据构建方式，然后进一步收集相关人物数据形成知识图谱，这是一种常见的构建历史人物知识图谱的方式。

（2）自底向上的构建方式与自顶向下的构建方式不同，自底向上的构建方式需要先以三元组的方式收集大量数据，然后根据收集后的数据将数据模式确定下来。由于知识图谱构建前期很难事先确定数据的采集范围，如何使用这些数据也还不清楚，因此只能通过收集尽可能多的数据形成一个庞大的数据集，然后对庞大的数据集进行整理、分析、归纳与总结，最终提炼出具体的数据模式。通常情况下，此类构建方式经常被应用于公共领域知识图谱的构建。主要原因在于公共领域的信息量巨大，其涉及的领域与行业众多，内容信息量庞大且全面，因此只能通过先收集具体数据再明确数据模式的构建方式。例如，百度与谷歌的知识图谱构建便是极具代表性的实例，在其具体的知识图谱构建过程中，需要大量数据知识的积累，才能逐渐提炼出知识架构。

在实际应用过程中，上述两种构建方式是可以相互结合的，尤其体现在知识图谱的构建后期。一般来说，采用自顶向下的构建起来的知识图谱，在后期随着数据量的逐步累积和增多，需要我们进一步对现有的数据模式进行优化和完善，而这种对数据模式的优化和完善就与自底向上的构建方式有殊途同归的感觉。在构建知识图谱的总体框架时需要兼顾多个环节与内容，包括构建知识图谱的模式确定，以及通过知识融合与抽取实现其他技术框架的引入。具体来说，完成知识抽取任务需要将抽取的知识要素对应的数据模式存入数据层，然后在知识抽取结果的基础上实现知识融合，从而得到完整的知识图谱，实现图谱可视化与语义检索等功能。

自然语言处理的相关技术常被应用于知识图谱的构建过程中，从非结构化数据与半结构化数据中实现实体、关系与属性的抽取。而在这一过程中知识融合尤为重要，需要知识推理、实体对齐与数据整合等环节，之后合并与整合多源异构的数据，以质量评估的方式对知识进行处理与筛选，然后将通过处理与筛选后得到的数据存入知识图谱之中，构建一种基于原有知识图谱的服务平台，提供尽可能丰富的各种功能和服务，构建行业知识图谱的具体流程如图 7–3 所示。

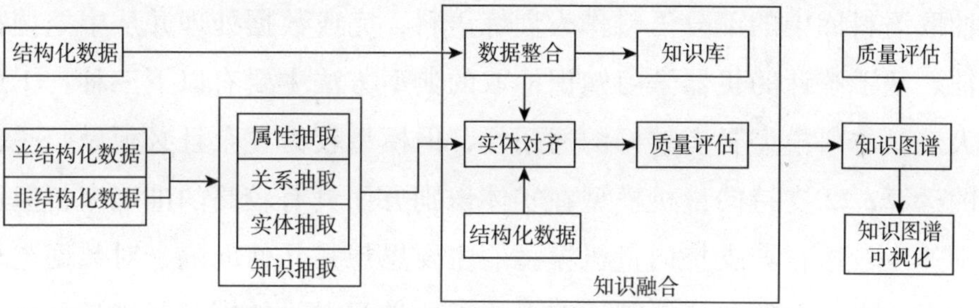

图 7–3　构建行业图谱的关键流程图

7.2.2　知识图谱关键技术

7.2.2.1　知识抽取

知识抽取在知识图谱构建中是难度最大的一环。目前，国内外该领域的专家学者已经对其展开了大量研究，该项研究的核心任务涉及两方面，即关系抽取与实体识别。在了解这两个概念之前，先要明白知识抽取的具体含义，知识抽取就是以一种结构化的数据来表示无结构化的自由文本。关系抽取指的就是将自由文本中两个不同实体之间的关系描述挖掘出来。而实体识别指的是将领域名词、组织名、地名等带有特殊含义的实体从自由文本中识别出来。

（1）实体识别。

第一，基于规则和词典的方法。实体识别早期主要是结合实体的上下文特征和构成特点，采用领域专家构造规则模板，得到语料库和词典。识别到的实体较有规律，多为人名、地名和组织结构等。基于规则和词典的知识抽取方法识别实体与关系的准确性很高，但是也存在着很多不足。这种方法对知识库和词典有较强的依赖性，需要人工干预，往往一个领域就要更新构建一个新的词典。

第二，基于统计的机器学习方法。基于统计的方法，先要定义出较为精确的特征词，然后将文本中标注的特征加入特征向量。一般是抽取语料库中的部分语料作为训练语料，完成数据处理并从中挖掘特征。基于统计的机器学习知识抽取的典型方法主要有以下三种：①最大熵马尔科模型具有较好的通用性，但模型较为复杂且必须做归一化的运算；②支持向量机模型在实体识别方面具有较高的准确率，但识别速度较慢；③支持向量机模型的主要思想是几何间隔，对数据进行二元分类。总的来说，基于统计的机器学习方法的模型通用且灵活度较高，但是仍然需要依赖语料库，需要手动提取大量的特征，也会存在由于自建词典知识不完善导致分词错误等问题。

第三，基于神经网络的方法。为了规避上述两种方法的弊端，研究者们尝试着用各个语料库来验证神经网络模型在实体识别上的准确度。由于双向长短期记忆网络（bi-directional long short-term memory，BiLSTM）可以同时获取到上下文的语义并进行信息存储，所以 BiLSTM 模型被研究者们广泛应用在序列标注任务中。模型最大的优点是由数据驱动，不依赖于人工标注。因此，BiLSTM 模型成为采用深度学习进行序列标注的主流模型，被用在实体识别的任务上。后来研究者们发现，BiLSTM 模型与 CRF 模型结合，能够自动地从文本信息中学习，有效提高了实体识别的效率，逐步成为命名实体识别的主流方法。

大多数深度学习模型停留在对字和词的特征提取，在理解上下文的语义方面略显不足，这样会影响实体识别的性能。而BERT-BiLSTM-CRF模型兼顾了对词的特征提取和对上下文语义的理解，在各个语料库进行命名实体识别、关系抽取等任务的训练实验中都达到了相当不错的结果。BERT-BiLSTM-CRF模型主要分为三层，先标注语料通过BERT模型将句子中的词转化为词向量，再将词向量输入BiLSTM层做进一步处理，BiLSTM层自动提取上下文语义特征并将结果输入下一层CRF层，CRF层对BiLSTM层输出结果进行解码，得到一个预测标注序列，接着提取序列中的实体，如图7-4所示。

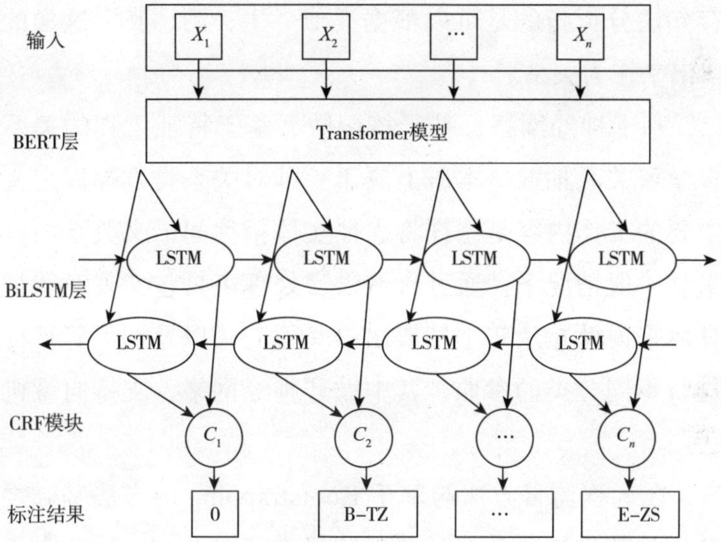

图7-4　基于BERT-BiLSTM-CRF的实体识别模型

综上所述，基于神经网络的命名实体识别技术能够更加精确、智能地从自然语言中抽取实体与关系，解决了其他两种方法严重依赖人工标注和专业知识的问题。

（2）关系抽取。由上述可知，实体识别与关系抽取分别是知识抽取的关键任务，并且实体识别是关系抽取的前一个环节。对于非结构化的文本数据，要想实现关系抽取就必须从自由文本中抽取语义关系。

通常来说，实体识别与关系抽取二者之间的关联性极大，一般先从文本中识别出实体后，再根据已有实体进行可能的关系抽取。

目前，监督学习关系抽取、无监督学习关系抽取、半监督学习关系抽取及基于模板的关系抽取均属于主流的关系抽取技术。

第一，在模板关系抽取的基础上又衍生出两种不同的关系抽取技术，一是在触发词基础上的关系抽取，其中触发词可以通过具体实例加以解释。例如，句中出现“位于”一词，那么“位于”就能作为位置这一关系被归于一类。二是在依存句法分析基础上的关系抽取，实际上依存句法分析指的是可以根据类似“主、谓、宾”这样的规则将谓语抽取出来作为关系。

第二，基于神经网络、基于核函数、基于特征工程的关系抽取均属于监督学习关系抽取。本质上属于一种对关系类别加以定义的分类任务，主要的工作内容是怎样将表征实体指称间语义关系的有效特征提炼出来。一般情况下，通过自然语言处理工具包实现对特征的抽取工作，具体来说就是从句中抽取出语义、句法以及词汇等特征，作为对关系进行不同分类的参照，其中循环神经网络、支持向量机等都是经典算法。

第三，在远程监督方法与基于 Bootstrapping 的方法基础之上，通过少量的标注信息展开学习就是半监督学习关系抽取。其中所谓远程监督方法指的是利用将非结构化的文本与现有知识图谱对齐的方式实现自动构建训练数据，从而降低人工标注的成本，最终，能够让模型的跨领域适应能力得以不断增强。所谓基于 Bootstrapping 的方法指的是运用现实中的少量事例作为初始种子的集合，然后通过模式学习方法展开学习，经过不断地迭代，我们可以从非结构化的数据中抽取出现实中的事例，通过这些新的现实事例的学习，促使学习模式得以不断扩充，其模式集合越来越大，从而将新的三元组挖掘出来。

第四，开放式关系抽取也可称为无监督学习关系抽取，如果具有相同语义关系的实体对一般会拥有相似的上下文信息条件成立，那我们就可以通过不同实体对所对应的上下文信息来表示该实体对的语义关系，从而对不同的实体对的语义关系进行聚类。通常来说，无监督学习很难取得良好的抽取效果，主要源于此种聚类方法本身存在的某种固有的缺陷，即低频实例召回率低以及难以描述关系的问题。

7.2.2.2　知识融合

知识抽取就是从非结构化的自然语言中抽取实体与关系，但是抽取出的实体与关系中存在着大量的错误案例和冗余，会有大量语义相近的实体，并且实体之间的关系也会存在错误，因此需要对抽取出来的实体和关系根据语义进行合并。以上其实就是指对知识图谱的数据层的知识融合，它包括实体消歧和共指消解两部分。

实体消歧就是识别同名实体不同含义、同一含义不同实体名。通常采用聚类的方法，将实体向量化，通过计算词向量的夹角大小来测度词语的相似程度，进而将相同语义的词汇集成一个集合，最后合并为同一个实体或关系。共指消解主要是解决不同词之间的指代问题，如"《道德经》的作者是老子，它值得一读"这里的"它"指代的是《道德经》还是"老子"，这里主要使用二元分类模型，根据距离特征和上下文特征来判断表述对是否共指，根据分类结果生成最终的具有相同指向的实体聚类结果。

7.2.2.3　知识存储

目前知识图谱有 RDF（resource description framework）存储和图存储两种方式。

（1）RDF 存储。RDF 存储是互联网上各种资源以及资源之间相互关系的数据模型。它的基本结构是三元组（主体，谓语，客体），主体和客体可以是一个现实中具体的事物，也可以是一个抽象的概念。在知识图谱中，用节点来表示主体和客体，关系用谓语表示。例如，“腾讯总部位于深圳”的文本经过实体识别和关系抽取，“腾讯总部”是这条知识的主体，“位于”是谓语，“深圳”是客体，这样就形成了“腾讯总部—位于—深圳”这样的三元组。使用 RDF 存储的知识图谱的查询语言是 SPARQL，另外采用 Jena 对 RDF 进行解析。

（2）图存储。图数据库是另外一种用来管理知识图谱数据的常见模型，将数据以节点和节点间的边的形式存储为知识网络。这样的存储形式更适合存储图结构的数据，因此相较于 RDF 存储，图数据库的应用范围更加广泛。目前，最常见的图数据库是 Neo4j 数据库，它是基于 Java 语言开发的非关系型数据库，数据通常被存储于网状存储结构之中，主要目的是对非结构化数据加以管理。存储在 Neo4j 数据库中的知识图谱由节点和节点间的连线构成，数据查询语言为 Cypher（CQL），可以对图数据进行查询、修改和关联等操作。

7.3 基于知识图谱的协同过滤推荐算法

7.3.1 TransE 算法原理

知识图谱一般是由三元组形式（h，r，t）组成并存储大量结构化的数据，在这三元组对象当中，头部实体用 h 表示，尾部实体用 t 表示，头部实体和尾部实体的某种关系则是用 r 表示。在实际应用领域，哪怕是一个应用非常广泛的知识图谱系统中包含了海量表征各类信息的三元组数据，但该系统依然会出现实体位置不同、数据稀疏等问题。

（h，r，t）表示一个三元组，h，r，t 分别代表其列向量。$f_r(h, t)$表征一个三元组的得分函数。基于翻译的模型认为，对于一个三元组（h，r，t）来说，r 可以被看作为头部实体 h 到尾部实体 t 的一个翻译操作。在 TransE 模型之中，如果（h，r，t）确为一个实时三元组，TransE 趋向在向量空间有$h+r\approx t$，该关系如图 7–5 所示。

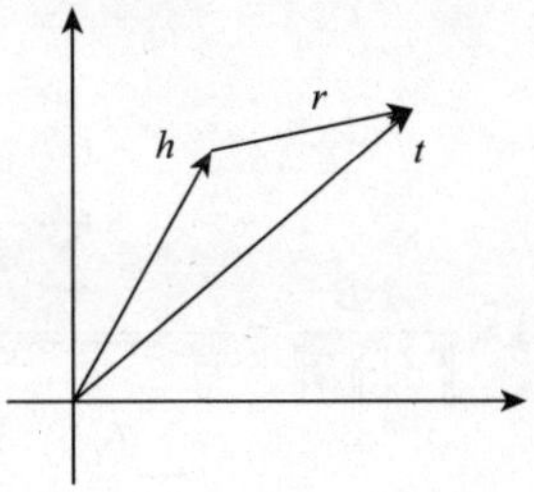

图 7–5　TransE 模型

TransE 算法利用了 Word2Vec 的平移不变性，通过对 t（head、relation 和 tail 的向量）及 h、r 进行不断调整，促使 t 与（$h+r$）最大限度上趋于相等，也就是实体向量 + 关系向量 = 实体向量（$h+r\approx t$）。

损失函数公式如下：

$$L=\sum_{(h,r,t)\in S}\sum_{(h',r,t')\in S'(h,r,t)}\left[\gamma+\|h+r-t\|-\|h'+r-t'\|\right] \quad (7\text{–}1)$$

在损失函数公式中，由于正确的三元组实体被替换，从而出现了含有两个错误的向量 h' 与 t' 的三元组。在公式中，γ 的值通常设为 1，用来代表间距的大小。公式中的范数 ‖ · ‖ 可以选择 L_1 范数或者 L_2 范数，公式的外层是合页损失函数，具体公式如下：

$$[x]_+=\begin{cases}x, x>0\\0, x\leqslant 0\end{cases} \quad (7\text{–}2)$$

所谓最大间距法的思想就是指在训练试验中，TransE 算法利用错误样本与正确样本之间尽可能大的距离进行训练。经过一系列对随机梯度的迭代计算，促使损失函数得到不断优化，直至达到最优。

7.3.2 计算图书语义相似度

图书关系向量矩阵与语义向量矩阵可以基于 TransE 算法训练得以获取。而要想得到每一本图书的语义近邻，就需要通过相似性公式将图书语义向量矩阵转化为与之相对应的相似性矩阵。我们选用余弦相似度公式进行相似度计算。

$$sim(\boldsymbol{A},\boldsymbol{B})=\cos(\theta)=\frac{\boldsymbol{A}\cdot\boldsymbol{B}}{\|\boldsymbol{A}\|\cdot\|\boldsymbol{B}\|}=\frac{\sum_{i=1}^{n}A_i\times B_i}{\sqrt{\sum_{i=1}^{n}(A_i)^2\times\sqrt{\sum_{i=1}^{n}(B_i)}^{2}}} \tag{7-3}$$

根据相似度计算公式可以看出，如果 $\boldsymbol{A}$，$\boldsymbol{B}$ 两本图书向量在相似度上极为接近，那么 $sim(\boldsymbol{A},\boldsymbol{B})$ 求得的数值也就与 1 越接近，也可以理解为在知识图谱中二者之间的语义相似度相对较高，反之则较低。

此外，为了更好地进行新图书的推荐，我们在对新图书语义相似性展开计算时，会将阙值引入计算中加以判断。具体来说，在对图书 $\boldsymbol{A}$，$\boldsymbol{B}$ 的语义相似性进行计算时，先要对图书 $\boldsymbol{B}$ 做出新旧判断，当图书 $\boldsymbol{B}$ 为新书时，就可以得到与图书 $\boldsymbol{A}$ 相似性最小的相似度 $\min sim(\boldsymbol{A},\boldsymbol{B})$ 及与图书 $\boldsymbol{A}$ 相似性最大的图书 X 的相似度 $\max sim(\boldsymbol{A},X)$，当 $sim(\boldsymbol{A},\boldsymbol{B})>(\max sim+\min sim)/2$ 时，那么计算 $sim(\boldsymbol{A},\boldsymbol{B})$ 的相似度的公式可以表示为：

$$sim(\boldsymbol{A},\boldsymbol{B})=sim(\boldsymbol{A},\boldsymbol{B})+0.5\times\sin(\boldsymbol{A},\boldsymbol{B}) \tag{7-4}$$

这样既不会使新图书与所有图书都具有较高的相似度，同时也可以在一定程度上使新图书语义推荐的概率得以增加，从而助推物品冷启动问题的解决。

7.3.3　知识图谱推荐算法流程

在知识图谱的推荐思想的基础上，首先，通过 TransE 算法将知识图谱数据库转换成实体向量矩阵；其次，利用得到的实体向量矩阵计算出图书语义的相似度；再次，以同一维度的图书与目标图书相似度进行比较，并以计算出的相似度高低为依据进行排序，接着选取在相似度排序中最靠前的 N 本图书；最后，通过 Top-N 的推荐方式为用户提供最终的图书推荐列表。因此，要想通过知识图谱的方式对图书进行推荐需要经过以下四个步骤：

（1）将知识图谱数据库构建起来。

（2）通过 TransE 算法将知识图谱转换为图书语义矩阵。

（3）通过相似度公式将图书语义相似性计算出来，从而使得语义相似性矩阵得以构建。

（4）通过上述的语义相似性矩阵实现面向用户的图书推荐。具体算法步骤如图 7-6 所示。

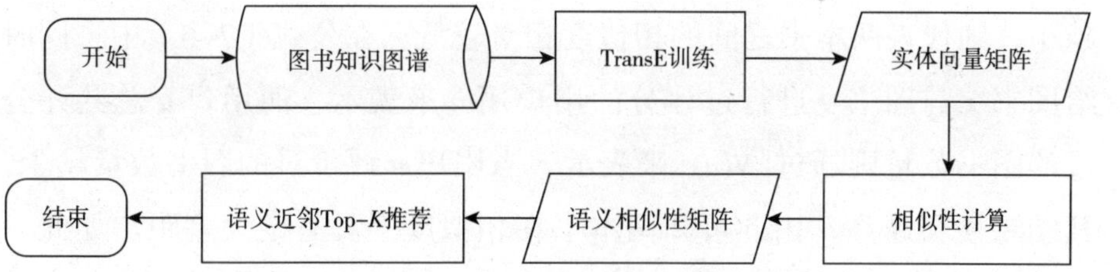

图 7-6　知识图谱推荐算法流程

7.3.4　协同过滤推荐算法改进

在基于项目协同过滤推荐算法的基础上，通过用户—图书评分矩阵为不同的图书分别找到其对应的 N 个最为相似的近邻，然后计算出相似度矩阵，这一计算需要基于用户对图书的偏好以及相邻图书的相似度权重。在相似度方法的选择方面，通过同现相似度公式计算不同图书间的相似度是本文所采用的方法。

$$sim(x,y)=\frac{|N(x)\cap N(y)|}{|N(x)|} \tag{7-5}$$

由于图书存在冷门与畅销之分，运用同现相似度公式在一定程度上会出现无论何种图书都会产生与畅销书相似度高的现象。此外，又源于图书推荐同时会受到两方面影响，即畅销书的影响与活动用户的影响，因此，本书分别惩罚了畅销书的权重及活跃用户，从而减少了畅销书与大量图书存在相似性的可能性，并且使图书推荐结果更加精确。计算公式具体内容如下：

$$sim(x,y)=\frac{\sum_{u\in N(x)\cap N(y)}\frac{1}{|N(u)|}|N(x)\cap N(y)|}{\sqrt{|N(x)||N(y)|}} \tag{7-6}$$

公式（7–6）中，喜欢图书 y 的用户数量用 $N(y)$ 来表示，当 $N(y)$ 数值越大，则说明图书 y 的受欢迎程度越高，与此同时，计算结果数值越小，则代表两本书之间的相似度相对较低。在公式（7–6）中，同时给图书 x 与图书 y 进行过评分的用户用 u 来表示，而用户 u 总共评分过的图书数量则通过 $|N(u)|$ 来表示。当用户 u 评价过的图书数量越少，其结果便会越高，由此可知两本书在相似度上具有较大差距。如此一来，可以有效地减少活跃用户与畅销书对图书相似度的制约与影响。

7.4　融合知识图谱和协同过滤的图书推荐

7.4.1　改进算法的流程实现

本节中提出了一种改进的图书推荐算法，即集协同过滤与知识图谱混合的推荐算法（CKCF）。

从本质上看，这种算法采用的方式是高位替换低位的一种方式，具体来说，按照相似度由小到大的顺序将协同过滤推荐结果集与知识图谱推荐结果集进行排序，然后将二者按照一定的比例选取相似度较高的图书集合成为最优结果集。这样做的好处在于可以同时兼顾图书语义信息与外部评分数据。与此同时，促使新书推荐不再因评分信息少而受影响。上述算法的融合过程伪代码内容如下所示：

输入：Set ListCF = $\{C_0,C_1,\cdots,C_n\}$，Set ListKG = $\{K_0,K_1,\cdots,K_n\}$ 及融合比例 x

输出：Top–K 推荐结果集：Set ListBook = $\{B_0,B_1,\cdots,B_n\}$

```
kglens =int（N*x）
cflens = N–kglens
len1 = len2 = 0
if len（ListCF）==0：
return ListKG
for i in range（len（ListCF））：
```

```
if ListCF [ i ] not in ListBook :
if len1 < cflens :
ListBook.add ( ListCF [ i ])
len1+=1
for i in range ( len ( ListKG )) :
if ListKG [ i ] not in ListBook :
if len2 < kglens :
ListBook.add ( ListKG [ i ])
len2+=1
return ListBook
```

假定我们要为用户推荐 N 本图书，语义相似度矩阵推荐的已排序的图书集合用 ListKG 来表示，协同过滤算法推荐的已排序的图书集合用 ListCF 来表示。

其中 x 用以表示融合比例，而 [0,1] 代表着 x 的取值范围，向用户推荐图书的结果集用 ListBook 来表示。当 ListCF 集合不为空时，那么它的集合数量用 cflen=N* x 来表示，kglen=N−cflen 则是 ListKG 的数量，代码中的 * 表示向下取整。

两个相邻集中数量占比需要按照输入的融合比例通过融合算法将其计算出来。算法可以在获取推荐数据的过程中，判断出上述数据是否在结果集中，从而获得结果集 ListBook，算法的执行流程如图 7–7 所示。

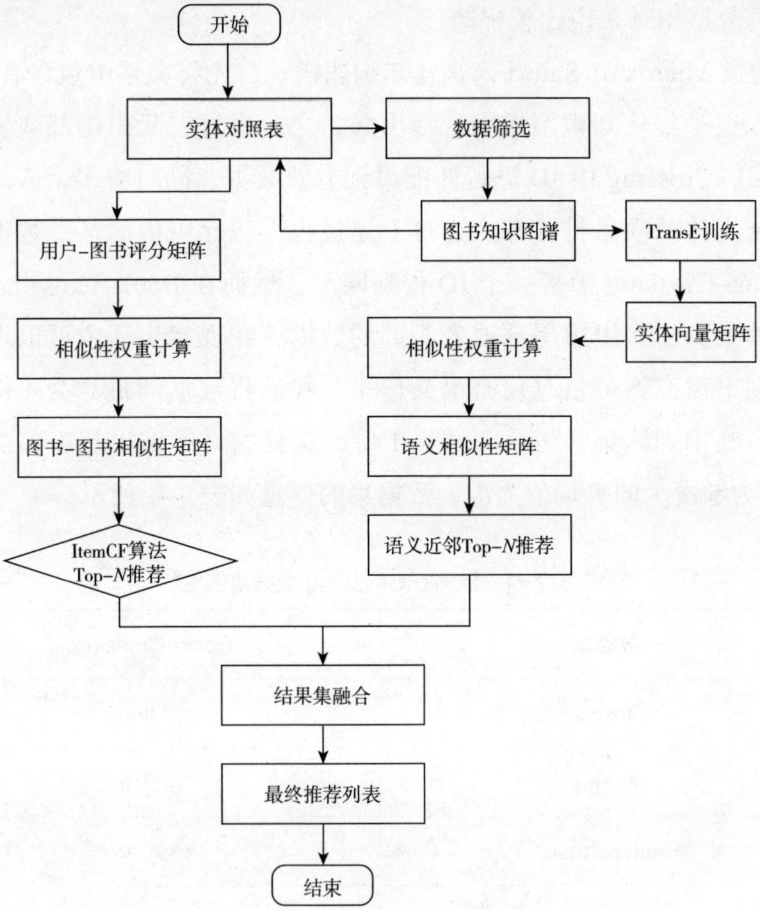

图 7-7 算法的执行流程图

7.4.2 实验及结果分析

7.4.2.1 实验数据集

我们要想进行测试必须要借助前面使用过的 Book-Crossing 数据集。将其转换为一种隐式反馈数据，为每一位用户采用一个监视图书，用 0 作为标记；每个条目中用户对该图书的正面评价，则用 1 作为标记。另外，Book-Crossing 数据集没有设置肯定评分阙值，主要原因在于它的数据相对来说比较稀疏。

通过 Microsoft Satori 来构建知识图谱。首先将关系中包含有“书”的三元组子集从知识图谱中选择出来，之后经过三元组尾部或者头部与 Book–Crossing 中 ID 进行匹配得到有效数据，同时将多余匹配与没有匹配实体的项目排除掉。通过上述过程，三元组中的某一数据都能与 Book–Crossing 中每一个 ID 得到匹配，然而在 Book–Crossing 中未必能够找到三元组中尾部或者头部的数据，在现实生活中可以理解为部分图书没有评分信息仅有语义信息。我们将数据随机分为 4 份评分数据，其中训练集 3 份，测试集 1 份，实验的最终结果是以多次运行（此次为 5 次）的平均值为准。数据集的信息如表 7–1 所示。

表 7–1　Book–Crossing 数据集信息

数据集	Book–Crossing
#users	17 860
#items	14 910
#interactions	139 746
#KG triples	19 793
#relation	10

7.4.2.2　评价指标

我们通过 F1 分数、召回率（recall）、精确率（precision）3 个评价指标对推荐算法结果进行分析。一般来说，根据混淆矩阵可以计算出上述 3 个评价指标。

精确率就是最终的推荐列表中推荐对了的内容占比，也就是最终推荐结果和测试集数据做比较，计算推荐正确的比例，其定义如下式：

$$\text{precision}=\frac{\sum_{u\cup U}|R(u)\cap T(u)|}{\sum_{u\cup U}|R(u)|} \tag{7-7}$$

召回率表示对于原来的样本而言，有多少样本中的正例被预测正确了，其定义如下式：

$$\text{recall}=\frac{\sum_{u\cup U}|R(u)\cap T(u)|}{\sum_{u\cup U}|T(u)|} \tag{7-8}$$

F1 分数折中了召回率和精确率，其定义如下式：

$$\text{F1}=\frac{2\times\text{recall}\times\text{precision}}{\text{recall}+\text{precision}}$$

7.4.2.3　实验结果分析

以融合比例作为实验变量，通过不同的融合比例将推荐效果显示出来。本次实验将类似图书的数量定义为 20，Top-K 中的 K 值取为 10。具体来说，在融合推荐时，将融合比例分别从 0 ：10 到 10 ：0 进行多次验证，每组融合比例运行 10 遍后的结果求平均值，最终得出实验结果。具体到 F1 指标曲线、召回率、精确率如图 7-8 所示。其中 F1 值、召回率、精确度均为纵坐标，而融合比例为横坐标。由图可知，当融合比例为 5 ：5 时，F1 值、召回率、精确率效果最佳，也就是说在进行图书 Top-10 推荐时，语义相似性推荐与协同过滤推荐为 5 ：5 时，其效果最佳。

另外我们通过新旧算法的比较方式，使此算法的优越性与可行性得以凸显，如 CKCF 算法、RKGE-CF 算法和 RippleNet 算法与 KGCN 算法相互比较。因为精确率与召回率在 F1 分数中得到了折中，使得精确度与召回率指标方面的对比结果得以展示。在精确度与召回率指标方面，改进的推荐算法与 RKGE-CF、RippleNet 与 KGCN 算法对比结果如图 7-9 所示。从图中能够看出，在上述 4 种算法中，无论 K 值取值多少，其召回率没有太大区别，足以证明该算法并不具有明显优势。

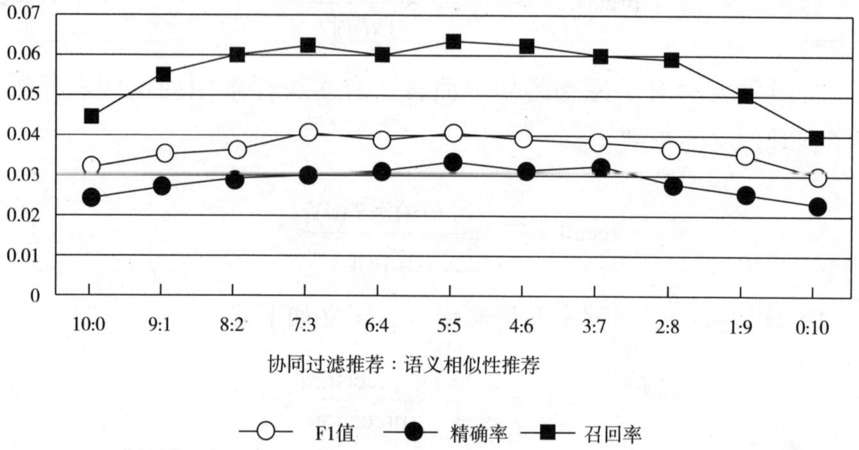

图 7-8　F1 值指标曲线、精确率、召回率

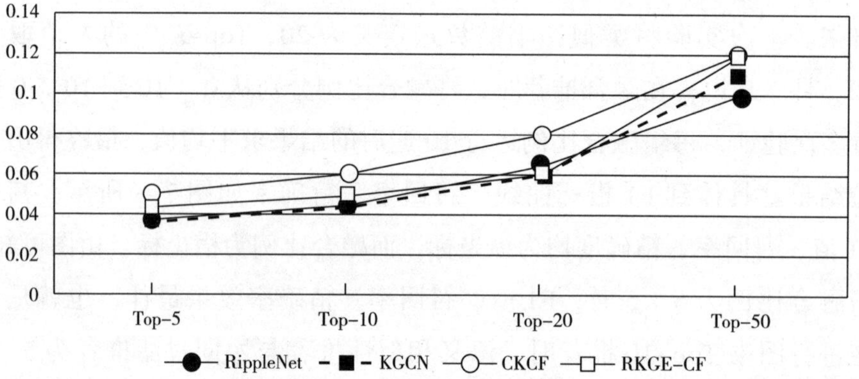

图 7-9　各算法召回率比较

由图 7-10 可知，改进算法在一定程度上具有优势，具体表现在 Top-5、Top-10 时优势明显，在 Top-20 及 Top-50 时，优势有所提高。在精确率指标方面，CKCF 算法随着 Top-*K* 的 *K* 值呈现逐级递减的发展趋势。与其他算法相比，其精确率的提高更为明显，尤其是在 Top-5 时其精确率高达 0.0437，而在 Top-50 时达 0.0131，仍然存在一定程度上的提高。

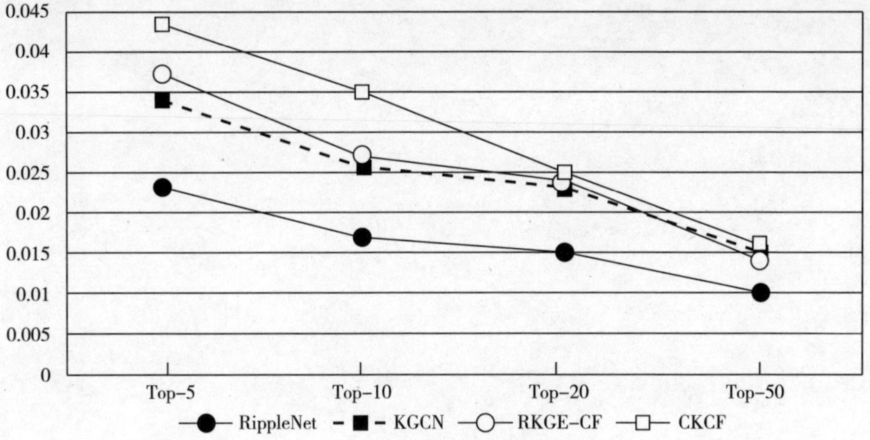

图 7-10　各算法精确率比较

综上所述，在计算物品的相似度时，改进算法分别考虑了活跃用户与畅销书设定的不同权重而进行了惩罚，这样得到的协同过滤推荐结果就相对要更加精准，与此同时，为了进一步提高图书推荐质量，在知识图谱训练计算图书语义相似度的基础之上，将语义近邻与评分近邻进行了一定程度上的结合。

7.5　小结

本章介绍了知识图谱的基本概念、构建流程及关键技术，以及主流的知识图谱 TransE 算法，在此基础上提出了知识图谱与协同过滤融合的改进算法。该算法在求得协同过滤图书推荐集合时，将其与语义相似性矩阵推荐相结合，从而获得更具针对性与个性化的推荐结果。

第 8 章　个性化图书推荐系统设计与实现